Wolfgang Vulpius · Christiane

WOLFGANG VULPIUS

Christiane

LEBENSKUNST UND MENSCHLICHKEIT IN GOETHES EHE

1987
Gustav Kiepenheuer Verlag
Leipzig und Weimar

ISBN 3-378-00122-4

Inhalt

Vorwort

Eine Christiane-Biographie für den weitesten Leserkreis, das war die Aufgabe, die mir im Goethe-Gedenkjahr 1949 gestellt war. Es bedarf kaum einer Begründung, daß man Christianens Leben immer nur mit fragendem, prüfendem Blick auf Goethe schreiben darf; ihr eigenes Leben würde keinen Geschichtsschreiber finden, wenn es nicht vom Goethischen Lebenskreis umspannt wäre. Christiane steht nach Herkunft und Bildung auf der tiefsten Stufe unter den von Goethe geliebten Frauen, aber sie kann zur Kenntnis seiner Persönlichkeit einen größeren Beitrag leisten als all die anderen, die für Goethe nur eine vorübergehende seelische Erschütterung bedeuteten oder eine bindende und bildende Macht wie Charlotte von Stein, die sich ein gutes Jahrzehnt hindurch auswirken konnte. Keine von diesen Frauen aber durfte die Lebenswirklichkeit an der Seite des Genies erfahren und keine die sozialen Tugenden des großen Ausnahmemenschen auf die Probe stellen: Das war Christiane allein vorbehalten. – Was die Dichtungen angeht, die durch sie hervorgerufen wurden, so ist zuzugeben, daß sie an Tiefe der Empfindung und Seelenadel hinter denjenigen zurückstehen, die Charlotte von Stein, Marianne von Willemer und Ulrike von Levetzow ausgelöst haben; es ist aber zu berücksichtigen, daß Christiane nicht wie ›Frühlingshauch und Sommerbrand‹ gewirkt hat, die schnell vorübergingen, sondern daß sie, und zwar nur sie, ein Klima um Goethe unterhalten konnte, in dem die ganze Gruppe der gesellig-heiteren Lieder und die episch-idyllische Dichtung Goethes gedieh. Christiane hat ihr bescheidenes, aber unbestreitbares Verdienst an allem, was in ihres Mannes Dichtung den Alltag preist und das Wachstum der Natur im häuslichen Garten, die Tüchtigkeit, die Umsicht und die Sorgen der Hausfrau, die frohen Feste nach sauren Wochen, die Freude am wachsenden Besitz – kurz: alles Homerisch-Einfache, Normale und Gesunde, und das, meinen wir, ist auch kein geringer Wert!

Diese Einschätzung der Christiane würde eine neue Biographie schon einigermaßen rechtfertigen; was eine solche aber geradezu erforderlich macht, das ist die neue Beurteilung, die Goethes Ehebund in unserer von Grund auf gewandelten gesellschaftlichen Lage erfahren muß. Alle Biographen des vergangenen, bürgerlichen Jahrhunderts haben Goethes Ehe mit dem bildungslos aufgewachsenen, bettelarmen Mädchen entweder tief bedauert oder als ›gar nicht so schlimm‹ hingestellt, indem sie sich die größte Mühe gaben, an Christiane die Vorzüge zu entdecken, die Goethes erstaunliche Wahl einigermaßen verständlich machen konnten. Sie sind in diesem Bestreben mitunter zu weit gegangen und haben das Bild dieser Lebensgemeinschaft in einem Lichte gezeigt, das die klaren und harten Züge der Wirklichkeit bedenklich verwischt. Wir maßen uns heute nicht mehr an, Goethes ›Verhältnis‹ zu verdammen oder zu entschuldigen – wir nehmen es einfach als gegeben hin. Aber ein neuer Gesichtspunkt drängt sich uns auf: die Frage, wie Goethes Verhalten im Rahmen der Gesellschaftsordnung seiner Zeit zu beurteilen sei. Es sind drei Umstände an Goethes Liebe und Ehe, die wir heute mit ganz anderen Augen ansehen und viel höher bewerten, als das bisher geschehen ist.

1. Der folgenreiche Schritt, den Goethe tat, als er sich von der aristokratisch-höchstkultivierten, ständisch-einge-

kapselten, kühl-beherrschten Charlotte von Stein entfernte und das herzhaft-derbe, unverbildete, in früher Not bewährte Kind des Volkes zu sich nahm. Dieser Schritt bedeutete nichts weniger als die endgültige Abkehr vom Ideal der ›Schönen Seele‹, das Hinschwinden des letzten pietistischen Einflusses, den die empfindsame und sittenstrenge Geliebte auf ihn ausgeübt hatte. An Christianens Seite wurde die Wendung zur vollen Wirklichkeit des Daseins, die sich in Italien vollzogen hatte, unwiderruflich.

2. Die überaus erstaunliche Tatsache, daß er, der alles andere als eine Kämpfernatur war, sich frühzeitig schon an Christiane gebunden bekannte, obwohl er sehr genau wußte, wie scharf dieses eheähnliche Verhältnis von seinen Gesellschaftskreisen verurteilt werden würde – während ihm andererseits die mehr oder weniger eleganten, mehr oder weniger humanen Lösungen bekannt waren, die die sehr aufgelockerte Gesellschaftsmoral des 18. Jahrhunderts für solche Fälle anbot.

3. Das Bekenntnis zur Ehe als sozialer Einrichtung, das Goethe in gelegentlichen Äußerungen, in den ›Wahlverwandtschaften‹ und vor allem durch die Legalisierung seiner Ehe mit Christiane abgelegt hat. Es ist dies um so bemerkenswerter, als er im Laufe vieler Jahre die Erkenntnis gewonnen haben mußte, daß sein eheliches Leben nur mit einem Höchstmaß von Nachsicht auf beiden Seiten zu einem guten Ende geführt werden konnte. – Die ethisch-humanitäre Haltung, die hier in schönen Einzelzügen zutage tritt, ist für Goethe, der so unbewußt egoistisch sein konnte, keine Selbstverständlichkeit, sondern eine Leistung der sozialen Selbsterziehung, die wir heute – und auch darin unterscheiden wir uns von unseren Vorgängern! – höher bewerten als diese oder jene künstlerische Mehrerzeugung, zu der eine musisch veranlagte, hochgebildete Lebensgefährtin Goethe vielleicht angeregt hätte.

Seit dem ersten Erscheinen dieser Biographie sind noch ein paar Tatsachen bekanntgeworden, die zwar über Christiane und ihr Verhältnis zu Goethe unmittelbar nichts aussagen, aber auf ihr Elternhaus und das weimarische Beamtenelend, auf ihr Jugendleben und Goethes Bekanntwerden mit ihr ein sehr bezeichnendes Licht werfen. Wir verdanken sie dem Weimarer Staatsarchivar Dr. Wolfgang Huschke, der sie aus den Repertorien des Landeshauptarchivs hervorgezogen und mir freundlichst zur Verfügung gestellt hat. Dieses neue Wissen bedeutet einen Beitrag zu der veränderten gesellschaftlichen Beurteilung von Goethes Ehebund mit Christiane.

Da ich nun so viel von ›neuer Beurteilung‹ gesprochen habe, mag der Leser sich mißtrauisch fragen, was er von der geschichtlichen Wahrheit meiner Darstellung zu halten habe. Ich hoffe, er wird schon bald den Eindruck gewinnen, daß ich den Zeugnissen, von denen alle wichtigen und zuverlässig überlieferten berücksichtigt wurden, nirgends Gewalt angetan habe, um einen A-priori-Standpunkt herauszuarbeiten. Er wird, so meine ich, mein beständiges Bemühen um ein vorsichtig-gerechtes Urteil nicht verkennen und mit Vergnügen bemerken, daß dem Wort der Beteiligten, ihren poetischen oder brieflichen oder von Zeitgenossen aufgezeichneten mündlichen Äußerungen überall der Vorzug eingeräumt ist; denn im Worte derer, die das Vergangene durchlebt haben, liegt des Lebens ganzer Reiz und ganze Wahrheit.

Weimar, *Wolfgang Vulpius*
30. Oktober 1952

Lebensbild

Christiane Vulpius wird herkömmlicherweise als Kind des Volkes und als Sproß einer kleinbürgerlichen Familie angesprochen. Das erste ist richtig im genauen Sinne des Wortes, das zweite ist für ihr Vaterhaus ebenfalls zutreffend, hat aber vielfach falsche Vorstellungen hervorgerufen. Der Vater, Johann Friedrich Vulpius, war Fürstlich Sächsischer Amtsarchivar; er hat in Jena die Rechte studiert, ohne einen akademischen Grad zu erwerben. Von ihm soll noch ausführlich gesprochen werden. Der Vaterstamm über ihn hinaus, soweit er sich in den Urkunden verfolgen läßt, zeigt eine geschlossene Reihe von vier akademisch gebildeten Vorfahren; der Großvater Christianens – ebenfalls Johann Friedrich mit Vornamen – war Hofadvokat in Weimar und Gerichtsherr auf Hammerstedt bei Apolda. Er ist 1695 in Rothenstein geboren und 1752 in Weimar gestorben. Ihm gehen in der Geschlechterfolge drei Pastoren voraus: als erster Johann Friedrich V., Magister, geboren 1644 in Wormstädt, gestorben 1715 in Rothenstein. Dieser Urgroßvater Christianens präsentiert sich als ein angesehener und achtunggebietender Herr, wenn man seinen Grabstein in der Turmhalle der Kirche von Rothenstein betrachtet. Die Inschrift auf diesem Stein, pomphaft geschmückt mit Ornamenten und Symbolen – ein Herz mit drei Rosen und einer Krone darüber – verkündet mit vollen Registern: ›Der wohlehrwürdige und in Gott andächtige Herr. Mag. Joh. Friedr. Vulpius‹ sei 39 Jahre ›wohlmeritierter‹ Seelsorger der Gemeinden Rothenstein und Oelknitz wie auch Erb- und Gerichtsherr der Keusserl. Frey-Zinssen zu Hammerstedt und Freysatz auf das Gut zu Nieder-Roßla gewesen und habe in zwei ›friedlich gesegneten Ehen‹ insgesamt 14 Kinder gezeugt. Joh. Friedr. V. war der zweite Sohn von Joh. Heinrich d. Jüngeren, geb. 1598 in Wickerstedt bei Apolda, Magister und Diakonus in Eisenberg von 1625 bis 1629, danach Pastor in Wormstädt bei Apolda. 1647 wurden ihm das Diakonat und die Collaboratur zu Dornburg aufgetragen, welche er zugleich mit der Pfarrei zu Wormstädt in den ›damahligen schweren Kriegszeiten mit Leib- und Lebensgefahr 7 gantze Jahr treulich verrichtet...‹ Dieser Urgroßvater Christianens starb 1663 und wurde unter der Kanzel der Wormstädter Kirche begraben. Sein Vater, Joh. Heinr. V. d. Ältere, ist der älteste Vertreter des Vaterstammes, der sich bisher urkundlich nachweisen ließ. Er war Pastor in Wickerstedt, wo er 1611 an der Pest verstarb.

Eine seit mehr als hundert Jahren hartnäckig bewahrte Familienüberlieferung will wissen: der bedeutende Kirchenkomponist und Stadtkantor in Weimar, Melchior Vulpius (1560–1615), gehöre zu den Vorfahren der Christiane. Die Überlieferung hat wahrscheinlich recht, aber ein Nachweis dafür konnte bisher nicht erbracht werden. Nur soviel steht fest, daß Melchior V. nicht zu den Urvätern der Christiane gehört, sondern zu einer Seitenlinie; denn der Wikkerstedter Stammvater Joh. Heinr. d. Ä. ist, wie oben gesagt, 1611 gestorben, war also Altersgenosse des Weimarer Stadtkantors, nicht einer von seinen Söhnen. Melchior V., den wir also nur mit Vorbehalt als Ururgroßoheim der Christiane ansprechen können, gibt uns einen hübschen Hinweis auf die Entstehung seines Namens. Er ist nämlich noch als ›Vuchs‹ (= Fuchs) nach Weimar gekommen. Dort aber, wo er sich zu den ›viris doctis et praeclaris‹ zählen durfte, latinisierte er seinen Namen nach der Mode der

Zeit. Das ergibt sich aus einem Taufeintrag, wo es heißt, daß dem Kantor Melchior Vuchs ein Sohn (Georg Friedrich am 11. Februar 1597) geboren wurde. Hinter dem Namen Vuchs aber ist mit roter Tinte vermerkt: Vulpio.

Die Erforschung der Vulpius-Ahnen ergibt also die merkwürdige Tatsache, daß Christiane, die Ungebildete, Unliterarische, von Männern abstammte, die 200 Jahre lang dem Gelehrtenstande angehört haben – bis auf den Vater, der aber auch ein Schreiberling war, ein Aktenmensch. Goethes Vaterstamm dagegen weist vom Großvater Georg ab lauter Handwerker und Bauern auf, also ›schlichte‹ Menschen im Vergleich mit den Vorvätern der Christiane! – Ihre mütterliche Ahnenreihe muß dafür hinter die Goethische zurücktreten. Chr. Margarete Riehl, die Mutter, stammte aus der alten angesehenen Handwerkerfamilie Riehl (Rühl, Rühle), deren Wurzeln tief im schwäbisch-alemannischen Boden stecken. Mit Johann Philipp Rühl, Strumpfmanufakturverleger und Handelsmann, hatte die Sippe in Weimar Wurzel geschlagen. Dieser Großvater Christianens war mit Elisabeth Magdalene Kühn aus Bad Salzungen verheiratet. Die Abstammung dieser Frau ist nicht ganz klar; vielleicht war sie unehelich geboren. Die andere Großmutter, Gemahlin des Hofadvokaten Joh. Friedrich V., stammte aus der Pastorenfamilie Hecker:[1] Ihr Vater war Pfarrer zu Tromsdorf und Millingsdorf im Regierungsbezirk Merseburg.

Soweit die Ahnen der Christiane! Man wird sich hüten, leichtfertig-willkürliche Schlüsse aus diesem Befunde zu ziehen, wie es in der hinter uns liegenden Zeit so beliebt war. Allenfalls könnte die akademisch einseitige Vätergruppe Bedenken erregen: Der Amtskopist, Christianens Vater, mag vermuten lassen, daß die geistige Begabung und strebsame Tüchtigkeit seiner Vorfahren sich in ihm er-

[1] Sie hieß Sophia Dorothea; ihr Bruder Wolfgang Heinrich Hecker war Urgroßvater von Carl Zeiß, dem Begründer der weltberühmten optischen Werkstätten in Jena.

schöpft hatte – wenn dem so ist, so war es nur vorübergehend, denn in seinen Nachkommen erhob sich das Geschlecht zu neuen Leistungen. Deutliche Spuren einer physischen Entartung sind jedenfalls bei Christianens Vorfahren nicht zu erkennen.

Von ihrem Vater wußte man bisher bloß, was die Weimarer Fama behauptete: Er sei dem Trunke ergeben gewesen und zunehmend verkommen, ein Gerücht, das man aus Mangel an Zeugen ebensowenig beweisen wie widerlegen kann. Um zu erklären, daß der Mann mit seiner Familie in sehr dürftigen Verhältnissen lebte, muß man keineswegs Trunksucht annehmen. Die Akten des Landeshauptarchivs in Weimar enthalten eine ganze Reihe von Schriftstücken zur Beamtenlaufbahn von Christianens Vater, die ich hier zum erstenmal darstellend mitteilen kann. Leider sind durch Kriegsfolgen die wichtigsten Personalakten verlorengegangen, aber die Angaben, die sich den Repertorien entnehmen lassen, genügen vollauf, um ein erschütterndes Bild vom Beamtenelend in einem absolutistisch regierten Zwergstaat der zweiten Hälfte des 18. Jahrhunderts zu zeichnen. Der Universitätsmatrikel zufolge war J. F. V. 1746 als Student der Rechte in Jena immatrikuliert worden. Von 1750 ab richtete er als ›juris utriusque candidatus‹ ein Gesuch nach dem anderen an den Herzog Franz Josias von Coburg-Saalfeld, der die vormundschaftliche Regierung für den unmündigen Herzog Ernst August Constantin führte. Zweck dieser Gesuche – es waren mindestens sieben in einer Zeit von reichlich zwei Jahren – war es, eine Kopisten- oder wenigstens eine Akzessistenstelle zu erlangen, auf der V. im Anfang ›gratis quam liberrime‹ arbeiten wollte, um sich weiter auszubilden und die Anwartschaft auf eine besoldete Stelle zu gewinnen. Aus dem Gesuch vom 19. Oktober 1750 ergibt sich, daß die Eltern des Kandidaten ›durch Entsetzung ihres Vermögens‹ ganz außerstande gekommen waren, ihn länger zu erhalten. Am 9. Oktober 1752 klagt er darüber, daß er seiner verwitweten Mutter ›über dem Halße‹ liegen müsse. Die meisten dieser Gesuche blieben unbeantwortet, eins wurde abschlägig beschieden. Von 1756 bis 1758 liefen weitere Gesuche, die endlich dazu führten, daß der ›neunjährige Candidat‹, der sich inzwischen an den Akademischen Schloßgerichten in Jena betätigt hatte, die Zulassung beim Amt Weimar erhielt (1759). Im nächsten Jahre erfolgte die Ernennung zum Amtskopisten, 1766 die Beförderung zum Amtsarchivar. Nach zehnjähriger Dienstzeit richtete J.F. zwei Gesuche an die Herzogin Anna Amalia um Verwendung auf besser besoldeten Stellen, die gerade frei geworden waren. Wir erfahren aus diesen Gesuchen, daß er zunächst als Akzessist ohne Gehalt gearbeitet hatte, um dann als Kopist 50 und als Archivar 75 Reichstaler Besoldung zu erhalten.[1] Darüber hinaus versichert er, er habe nur einen Teil der Kopialien (Schreibgebühren) bekommen. Bei der wöchentlichen Verteilung der Sporteln (Gerichtsgebühren), die er mit verdiene, habe er das Nachsehen, obgleich er doch in Egyptischer (?) Dienstbarkeit stehe. Im Siebenjährigen Kriege habe er großen Aufwand und schwere Strapazen auf sich nehmen müssen. Für 28 Dörfer habe er die Rechnungen über Fouragelieferungen an die einquartierten Soldaten zu führen gehabt. Die traurige Folge dieser zehn Dienstjahre beim Fürstlichen Amte sei, daß er ›seiner Frauen Vermögen‹ völlig zugesetzt habe. Seine Gesuche wurden abschlägig beschieden. Nach weiteren zwölf Dienstjahren, in denen seine Besoldung vorübergehend auf 50 Reichstaler jährlich gekürzt wurde, machte sich V. eines Amtsvergehens schuldig, indem er mit seinem Amtsdiener Graf einen ›falschen Consensus‹ ausstellte, was wohl bedeutet, daß er die Regierung um eine ihr zustehende Gebühr betrog. Wir können die näheren Umstände und die Schwere des Falls leider nicht

[1] Vergleichsmaßstäbe zu dieser Summe bieten uns Mitteilungen von Wolfgang Huschke in der Thüringischen Landeszeitung vom 3. Mai 1952: Johannes Falk, als ein mäßig wohlhabender Schriftsteller, zahlte für seine Wohnung am Weimarer Markt jährlich 40 Taler Miete. Für Holz gab er rund 50 Taler aus. Ein Tagelöhner, der mit Erdarbeiten beschäftigt war, verdiente an 300 Arbeitstagen 58 Taler, 8 Groschen.

nachprüfen, denn die darüber geführte Regierungsakte ist 1945 verbrannt. In einer Sitzung des Geheimen Konsiliums vom 26. März 1782 berichtete die Weimarer Regierung über J. F.s Vergehen. In einem ebenfalls verlorenen Reskript an die Regierung heißt es (laut Repertorium), daß V. und Graf wegen ihres groben Vergehens (eigentlich) auf vier Wochen ins Zuchthaus gebracht werden sollten. Die Schuld des Amtsarchivars muß indessen keine erhebliche gewesen sein, sonst hätte Carl August nicht nach knapp vier Monaten die Regierung ersucht, dem abgesetzten Beamten ›in Anbetracht der großen Dürftigkeit, worinnen sich derselbe mit seiner zahlreichen Familie befinden soll, einstweilen und bis zu seiner anderweiten Versorgung‹ ein Gnadengehalt von jährlich zwölf Scheffeln Korn und zwölf Reichstalern zu gewähren, unter der Bedingung, daß er sich unterdessen ›zur Aufsicht im Wegebau gebrauchen lasse‹. Von dieser fürstlichen Willensmeinung wird dem Wegebaudirektor Goethe Kenntnis gegeben: Am 29. Juli 1782 hat er eigenhändig den Empfang des Schreibens quittiert. Dies ist aber nur eins der sehr bemerkenswerten Zeugnisse dafür, daß Goethe von dem Amtsvergehen seines zukünftigen Schwiegervaters und von der Not seiner Familie sehr genaue Kenntnis gehabt hat. Er war zugegen, als in den Sitzungen des Konsiliums vom 30. April und 3. Mai 1782 über den schuldigen Archivar entschieden und seine Entlassung beschlossen wurde. Er war auch zugegen, als am 7. Juni 1782 das Geheime Konsilium ein Bittgesuch der Tochter des ›dimittierten Amts-Archivars V.‹ (also seiner späteren Lebensgefährtin) auf die Tagesordnung gesetzt hatte. Christiane bat darin um ein Gnadengehalt für ihre Mutter und ihre Geschwister. Ganz bestimmt hat Goethe auch ein vorausgegangenes Gesuch Christianens gelesen, in dem sie um Gnade für ihren Vater gebeten hatte. Was mag er gedacht haben, als das 17jährige Mädchen so entschlossen für ihre Angehörigen eintrat? Wir wüßten es gerne! Wir müssen uns begnügen mit der wichtigen und neuen Erkenntnis, daß ihm Christiane und das Elend ihrer häuslichen Verhältnisse genau bekannt waren, bevor sie ihm 1788 abermals als Bittstellerin begegnete. Was aber das Schicksal ihres Vaters angeht, so möchte man glauben, seine Betrachtung darüber in den düsteren Versen des Harfners aus ›Wilhelm Meisters Lehrjahre‹ ausgesprochen zu finden: ›Ihr (die himmlischen Mächte) führt ins Leben uns hinein, / Ihr laßt den Armen schuldig werden, / Dann überlaßt ihr ihn der Pein: / Denn alle Schuld rächt sich auf Erden.‹ Wie lange J.F.V. beim Wegebau beschäftigt war, wissen wir nicht; eine Beamtenstelle hat er bis zu seinem Tode im Jahre 1786 nicht wieder bekleidet. – J.F.V. war zweimal verheiratet. Seine erste Ehe mit Chr. Margarete Riehl brachte ihm sechs Kinder, aus der zweiten gingen vier weitere hervor (außer Christiane überlebten nur ihr älterer Bruder und ihre Stiefschwester Ernestine den Vater). Angesichts der sehr bedrängten Umstände, in denen diese anfangs so kinderreiche Familie lebte, ist es erstaunlich, daß J.F.V. seinen erstgeborenen Sohn Christian August V. aufs Gymnasium und auf die Universität geschickt hat. – Christiane war das dritte Kind aus erster Ehe. Tag und Stunde ihrer Geburt kennen wir aus ihrem Taufschein: Am 1. Juni 1765, abends halb neun Uhr, kam sie zur Welt und wurde am 3. von Hofdiakonus Gottschalg auf die Namen Johanna Christiana Sophia getauft. Auf das amtliche Zeugnis ist deshalb ausdrücklich hinzuweisen, weil Christiane sowohl wie ihr Bruder sich in einem sonderbaren Irrtum befanden. Goethe pflegte Christianens Geburtstag – wahrscheinlich doch nach ihrer Angabe – am 6. August zu feiern, und Christian August V. schrieb nach dem Ableben seiner Schwester, sie sei am Tage ihrer Geburt gestorben (6. Juni). – Wahrscheinlich wurde sie in dem Hause geboren, in dem sie nach dem Zeugnis der Karoline Jagemann ihre Kindheit verlebt hat. Es steht in dem ältesten, winkeligsten Weimar, abseits von dem nahe vorübereilenden Verkehr, in der Luthergasse 5, an der Stelle, wo sie sich zu einem winzigen Platze erweitert. Das bescheidene, einstöckige Haus fand ich freundlich und gepflegt, als ich es unlängst aufsuchte.

Aus den Fenstern des ersten Stockes blickt man auf den Garten des Kirms-Krackow-Hauses, der zu Christianens Zeiten so liebevoll bestellt wurde wie kein zweiter in Weimar: ›Hier wurden die Rosen größer und voller, der Lack dunkler, stärker und würziger, alle Früchte saftiger und wohlschmeckender als bei anderen Leuten.‹ Mit diesen Worten, die in einem Märchen stehen könnten, hat Karoline Jagemann den Garten der Brüder Kirms beschrieben. Das Haus ihres Vaters, des Bibliothekars der Herzogin Anna Amalia, stieß unmittelbar an dasjenige, in dem der Amtsarchivar V. mit seiner kinderreichen Familie wohnte.

Leider wissen wir nichts von Christianens Jugend zu berichten. Dürftigkeit und selbst Armut im Vaterhause sind mit Sicherheit anzunehmen, aber die graue Sorge, die nach dem frühen Tode der Mutter häufig genug sich einschlich, scheint die Rosen der Jugend auf Christianens Wangen nicht gebleicht und das Lachen in ihrer Kehle nicht gedämpft zu haben. So lassen's uns die Worte der Jagemann vermuten, die von dem Nachbarskind gesagt hat: ›Sie war ein sehr hübsches, freundliches, fleißiges Mädchen; aus ihrem apfelrunden, frischen Gesicht blickten ein Paar brennend schwarze Augen, ihr etwas aufgeworfener kirschroter Mund zeigte, da sie gern lachte, eine Reihe schöner weißer Zähne, und dunkelbraune volle Locken fielen ihr um Stirn und Nacken. Sie ernährte ihren pensionierten Vater und eine alte Tante durch ihre Geschicklichkeit im Verfertigen künstlicher Blumen, und Goethe lernte sie in dieser Dürftigkeit kennen…‹ Hier müssen wir Karoline unterbrechen, um erläuternd zu bemerken: Friedrich Justin Bertuch, der Schatzmeister des Herzogs, der Dichter und Übersetzer, der rührige Unternehmer, hatte in Weimar eine Fabrik für künstliche Blumen eingerichtet, von der er am 17. Mai 1782 an Knebel schrieb: ›Es ist eine Entreprise meiner Frau, die nach und nach dem größten Theile unserer leider unbeschäftigten Mädchen der mittleren Classe sehr heilsam wird. Ihre Arbeiten haben sich, seitdem Sie nichts davon gesehen, unendlich verbessert, und ich hoffe, sie sollen endlich den besten Pariser Arbeiten von dieser Art zur Seite stehen. – Vorjetzt arbeiten nur, wegen Mangel des Raums, erst zehn Mädchen, vier Tage in der Woche, in meinem Hause; sobald aber meine Mansarde im Sommerhause, welches ich jetzt ausbaue, fertig ist, hoffentlich zu Johannistag, so ist der Zuschnitt auf fünfzig gemacht. Sie werden sich freuen, Lieber, wenn Sie wieder mal einen Flug zu uns thun, und diesen thätigen Ameisenhaufen sehen.‹ Das Haus, in dem sich die Blumenfabrik ursprünglich befand, war nicht das später erbaute ›Landes-Industrie-Komptoir‹ in der heutigen Karl-Liebknecht-Straße, sondern das Wochische Haus am Erfurter Tor, das den älteren Weimarern noch als ›Hotel Chemnitius‹ bekannt ist. Die Bertuchsche ›Fabrik‹ wurde als eine Art Sehenswürdigkeit von Fremden viel besucht. Ein Reisender, Christian Friedrich Rink, der 1783 nach Weimar kam, war erstaunt, im Bertuchschen Hause etliche ›zwanzig mannbare Staatsjungfern, worunter mehrere würklich von Stand‹ mit der Anfertigung künstlicher Blumen für den Verkauf beschäftigt zu sehen. Die wohlwollenden Beschützer Christianens haben auf diese Stelle verwiesen, um darzutun, daß Christiane keine gewöhnliche Fabrikarbeiterin gewesen sei. Sie gehörte vielleicht zu denen, die ›würklich von Stand‹ waren, – aber immerhin, sie arbeitete um Lohn, für den Lebensunterhalt – und wir finden heute gar nicht mehr, daß sie deswegen einer Verteidigung bedürfte! Eine unsichere Überlieferung behauptet, Goethe habe einmal das Bertuchsche Unternehmen mit einem jungen Offizier besichtigt, und dieser habe sich einen unziemlichen Witz gegen Christiane erlaubt. Dafür sei er von Goethe scharf zurechtgewiesen worden. Wir möchten dem Erzähler gerne Glauben schenken, weil diese Begegnung Goethe als ritterlichen Beschützer des weiblichen Schamgefühls zeigt und weil sie einen trefflichen Ausgangspunkt für die Idylle ›Der neue Pausias und das Blumenmädchen‹ bilden würde – so trefflich, daß der Verdacht aufsteigt, die Anekdote sei nachträglich ad hoc erfunden worden.

Die erste entscheidende Begegnung zwischen Goethe und Christiane ist durch deren älteren Bruder Christian August herbeigeführt worden. Dieser hatte in Jena und Erlangen Jura und Geschichtswissenschaften studiert, hatte nebenher auch schon eifrig die Schriftstellerei betrieben, teils aus Neigung, teils um den Lebensunterhalt für sich und die Geschwister zu gewinnen. Er schrieb Romane, Dramen, Prologe und Epiloge für die Bellomosche Truppe in Weimar. Aber seine emsige Vielschreiberei scheint ihm nicht weit geholfen zu haben; schon vor Antritt seiner italienischen Reise hat sich Goethe irgendwie seiner angenommen. Dann, als Christian August sich selbst überlassen war und von einer Verlegenheit in die andere geriet, war er als Privatsekretär in den Dienst des Freiherrn von Soden in Nürnberg getreten, der ihn nach Goethes Worten ›als ein echter Geizhals behandelte‹ und ihm den Abschied gab, weil ›ein anderer für weniger Geld noch mehr Arbeit im Hause übernehmen wolle‹. So war er aufs neue in Bedrängnis, als Goethe aus Italien zurückkehrte. Der notleidende Schriftsteller wünschte sich bei diesem in Erinnerung zu bringen und schrieb einen Brief, in dem er seine traurige Lage schilderte. Christiane machte sich zum Boten für den Bruder; am 12. Juli 1788 übergab sie den Brief mit ein paar erklärenden und bittenden Worten. Die Begegnung spielte sich im Park ab und war für sie wie für Goethe entscheidend. Wohlgefallen und Begier der Sinne flammten rasch in ihm auf, als er mit der 23jährigen Christiane plauderte, und ihre Widerstandskraft erlag schnell dem schönen und hochgestellten Manne, dem Zauberer mit seinen Götterblicken. Um Goethes Entzücken zu verstehen, muß man sich vor Augen halten, daß die italienische Reise ihn tiefer verwandelt hatte, als er sich selbst eingestehen mochte: Er hatte soeben eine neue, sehr bedeutsame Stufe seiner Entwicklung betreten. Will man die Wandlung durch Italien auf eine einfachste Formel bringen, so kann man sagen: Goethe habe sich dort von der Idee zur Wirklichkeit gewendet. Der ruhelos Drängende und Getriebene, der

Schweifende und Suchende des ersten weimarischen Jahrzehnts hält inne beim Anblick des italienischen Landes: Er sieht und bewundert entzückten Auges das Seiende, die Gegenwart, die offenbarte Gottnatur in Kunst und Leben. ›Gegenwart‹ ist das Wort, das in seinen Briefen an die daheimgebliebenen Freunde jetzt häufig wiederkehrt. Es ist, als sähe er mit neuen, staunenden Augen die Dinge um sich her: ›Was ist doch ein Lebendiges für ein köstlich herrliches Ding! Wie abgemessen zu seinem Zustande, wie wahr, wie seiend!‹ ruft er in Venedig aus, als er am Lido im Sande liegt und Seeschnecken betrachtet. Zu Beginn der Reise schrieb er, und es klingt ganz, als ob es in entschiedenem Gegensatz zur Vergangenheit gesagt wäre: ›Mir ist jetzt nur um die *sinnlichen* Eindrücke zu tun‹ (von mir hervorgehoben!). Als er nach Weimar zurückkehrte, trug er in seiner Seele die leuchtenden Bilder Italiens: lachenden Himmel, ein unbekümmert heiteres Volk und erdenfrohe Gegenwart. Mit schmerzlicher Sehnsucht dachte er der Reisefreuden, spann sich in seine Erinnerungen, in denen er fortlebte. Kein Wunder, daß die Freunde, denen dieses Erlebnis nicht zuteil geworden war, ihn nicht verstanden. Wie Goethe ihr Verhalten empfand, sagen seine oft angeführten Worte aus der ›Morphologie‹: ›Aus Italien, dem formreichen, war ich in das gestaltlose Deutschland zurückgewiesen, heiteren Himmel mit einem düsteren zu vertauschen; die Freunde, statt mich zu trösten und wieder an sich zu ziehen, brachten mich zur Verzweiflung. Mein Entzücken über entfernteste Gegenstände, mein Leiden, meine Klagen über das Verlorne schien sie zu beleidigen, ich vermißte jede Teilnahme, niemand verstand meine Sprache.‹ In seiner Verlassenheit, seinem sehnsuchtsvollen Ungenügen rief Goethe die freundlichen Naturgeister des Parks an:

Die ihr Felsen und Bäume bewohnt, o heilsame Nymphen,
Gebet jeglichem gern, was er im stillen begehrt!

Schaffet dem Traurigen Trost, dem Zweifelhaften Belehrung,
Und dem Liebenden gönnt, daß ihm begegne sein Glück.

Die Nymphen erhörten ihn: Die Stunde war gekommen, da sein Herz nicht mehr ›auf den Wogen der Einbildungskraft und überspannten Sinnlichkeit himmelauf und höllenab‹ getrieben werden sollte. Die Nymphen führten ihm Christiane zu, die seinem Verlangen, seinem augenblicklichen Wunschbild weitgehend entsprach: frisch und kräftig blühend, kindlich und erquickend heiter, volkstümlich derb, mit beiden Füßen in der Wirklichkeit stehend, ganz unverbildete Natur, wie er sie seit Italien schätzte. Die dunkle Tönung der Haut, das reich gelockte Haar, ihr sprühendes und ausgesprochen sinnliches Temperament mochten ihn an bestimmte italienische Eindrücke erinnern. So kam es zu den ersten Stunden der Liebe, in denen Goethe sich von allem Zwang und Drang löste, in denen er sich lässig verschwendete. Christiane aber gehorchte dem stärksten ihrer Triebe und verscheuchte in glückseliger Selbstvergessenheit alle ängstlichen Bedenken. Kein verborgen Lauschender hat uns überliefert, was gesprochen wurde, wenn Egmont sein Klärchen empfing, wenn er in ihren Armen sich allen Unmuts und aller Maske entledigte. (Auffallend, wie oft Goethe die Liebe eines hochstehenden, bedeutenden Mannes zu einem Mädchen aus dem Volke, einem unverbildeten, schutzbedürftigen Geschöpf geschildert hat!) Aber einen Zeugen dieser Liebesfreuden haben wir doch: Das ist Goethe selbst, der Verlangen und Genuß, Behagen und Entzücken in köstliche Verse verwandelt hat, in die ›Römischen Elegien‹ und ein paar andere Gedichte, die sogleich erwähnt werden sollen.

Wird doch nicht immer geküßt, es wird vernünftig gesprochen;

Überfällt sie der Schlaf, lieg ich und denke mir viel.
Oftmals habe ich auch schon in ihren Armen gedichtet
Und des Hexameters Maß leise mit fingernder Hand
Ihr auf den Rücken gezählt.

Sonst aber forderte, wie mit einem Leitwort ›Frech und froh‹ erklärt wurde, sinnlicher Genuß sein ungeschmälertes Recht:

Liebesqual verschmäht mein Herz,
Sanften Jammer, süßen Schmerz;
Nur vom Tüchtgen will ich wissen,
Heißem Äuglein, derben Küssen.

Sei ein armer Hund erfrischt
Von der Lust, mit Pein gemischt!
Mädchen, gib der frischen Brust
Nichts von Pein und alle Lust!

Die quälende Enttäuschung des Dichters über das unerwartete Ausbleiben der Geliebten mag jeder mitempfinden, der seine ›Morgenklagen‹ liest, wo die ›Nacht des Wartens‹, die Unruhe des Herzens, die Gespanntheit aller Sinne mit unübertrefflicher Anschaulichkeit geschildert werden: das Horchen in die Stille, das Hüpfen eines Kätzchens, das Knistern einer Maus, und dann die Geräusche des erwachenden Tages: das Weggehen des fleißigen Nachbarn, das Rasseln der ersten Wagen und der ›regsame Plunder des bewegten Marktes‹. Wie ist die Morgensonne verhaßt nach solcher Nacht, weil sie die letzten Hoffnungen hinwegscheucht: Die Geliebte kommt dir auch im Garten nicht entgegen!

Ein andermal bleibt das Verlangen des Dichters ebenfalls ungestillt, als er sich aufgemacht hat, die Geliebte zu besuchen: Da findet er sie bei der Arbeit ›zierlich eingeschlafen‹ auf dem Sofa liegend, ›das Gestrickte mit den Nadeln ruhte / Zwischen den gefaltnen zarten Händen‹. Der

Dichter setzt sich zu ihr nieder, er betrachtet die Geliebte, und der Anblick der bewußtlos Schlafenden überzeugt ihn stärker als ihre Beteuerungen, daß sie ihn ganz allein und aufrichtig liebt.

Auf den Lippen war die stille Treue,
Auf den Wangen Lieblichkeit zu Hause,
Und die Unschuld eines guten Herzens
Regte sich im Busen hin und wider.
...

Schlafend hatte sie mir so gefallen,
Daß ich mich nicht traute, sie zu wecken.
...

Leise leg ich ihr zwei Pomeranzen
Und zwei Rosen auf das Tischchen nieder.
Sachte, sachte schleich ich meiner Wege.

Und beim Weggehn empfindet der Dichter schon, wie das liebe Mädchen ihn beim nächsten Zusammensein für seine freiwillige Entsagung mit doppelter Zärtlichkeit belohnen wird! – Wir sind in dem einzigartigen Falle, zu diesem zartempfundenen Gedicht eine zierliche Bleistiftzeichnung von des Dichters Hand zu besitzen: Christiane im Gartenhäuschen, auf dem Sofa eingeschlafen. Mit wenigen Strichen ist die Sofaecke und eine geschweifte Seitenlehne angedeutet. Christianens Gestalt in weitem Kleide, mit Schultertuch und gebauschtem Rock erscheint rundlich und gedrungen, der Oberkörper ist an das hohe Seitenkissen gelehnt, die Locken fallen ungebunden über die Stirn, der bloße Arm ruht entspannt auf dem Oberschenkel. – Schauplatz dieser Liebesfreuden war erst das Gartenhaus im Park, dann das sogenannte ›Jägerhaus‹, in dem Goethe damals ein paar Zimmer innehatte. Hier lag das ›Asyl‹, das ihm ›Amor, der Fürst, königlich' schützend, verlieh‹, in dem er ihn ›mit seinem Fittich bedeckte‹. Hier erholte sich

Goethe von dem anspruchsvoll-gekünstelten Geschwätz der literarischen Salons und politischen Debattierklubs, hier lauschte er dem unbefangenen Plaudern des Mädchens bequem und beglückt wie einem murmelnden Bache. – Es ist kaum zu bezweifeln, daß Goethe die Begegnung mit Christiane anfangs als eine zufällige, vorübergehende aufgefaßt hat; die ›Göttin Gelegenheit‹ hatte ihm das ›bräunliche Mädchen‹ zugeführt, und er hatte es mit rascher, männlicher Entschlossenheit festgehalten – aber nur, um es wieder fahrenzulassen, wenn sein Reiz sich erschöpft hatte. Für eine solche Auffassung spricht das Gedicht ›Gefunden‹, das 25 Jahre später entstand. In seiner zarten Bildersprache drückt es aus: Ich gedachte das Blümchen, das an meinem Wege stand, zu pflücken und mich seiner zu freuen, bis es verwelkt war. Da aber bat es mich: ›Grabe mich aus und pflanze mich in deinen Garten, damit ich dort weiter blühen und Früchte tragen kann.‹ Auch die Art, wie Goethe sich der Frau von Stein gegenüber verhielt, zeugt für die Meinung, sein Verhältnis zu Christiane sei ein zeitweiliges ohne nachhaltige Bedeutung. Er hat der Frau, die er immer noch als seine Geliebte betrachtete, nichts von Christiane erzählt, und es ist merkwürdig genug, daß Charlotte in dem klatschsüchtigen Weimar dreiviertel Jahr lang nichts von Goethes Stellung zu Christiane erfuhr. Der sie zuerst unterrichtete, war – o grausame Ironie! – ihr Sohn Fritz, Goethes Liebling, den er gemeinsam mit ihr erzogen hatte. Fritz von Stein hatte Christiane in Goethes Garten angetroffen und sich darüber gewundert, daß die ›gewöhnliche Person‹ sich wie in ihrem Eigentum darin bewegte. Charlotte forderte nun eine Erklärung, und Goethe gab sie in dem merkwürdigen Brief vom 1. Juni 1789, in dem er mit Bezug auf Christiane fragt: ›Welch ein Verhältnis ist es? Wer wird dadurch verkürzt? Wer macht Anspruch an die Empfindungen, die ich dem armen Geschöpf gönne? Wer an die Stunden, die ich mit ihr zubringe?‹ Er erklärt in mancherlei Wendungen, daß Charlotte ihn seit seiner Rückkehr aus Italien durch kühle Zurückhaltung, durch vorwurfsvolle Worte und Mienen zurückgestoßen habe, meint aber trotzdem: ›Es müßte durch ein Wunder geschehen, wenn ich allein zu Dir das beste, innigste Verhältnis verloren haben sollte.‹ Eine Woche später schreibt er noch einmal an die leidenschaftlich geliebte Frau: ›Zu meiner Entschuldigung will ich nichts sagen. Nur mag ich Dich gern bitten: Hilf mir selbst, daß das Verhältnis, das Dir zuwider ist, nicht ausarte, sondern stehen bleibe, wie es steht. Schenke mir Dein Vertrauen wieder, sieh die Sache aus einem natürlichen Gesichtspunkte an, erlaube mir, Dir ein gelassnes wahres Wort darüber zu sagen, und ich kann hoffen, es soll sich alles zwischen uns rein und gut herstellen.‹ Das sind wunderliche Briefe, fürwahr, und ergreifende obendrein. Goethe täuschte sich selbst, indem er es so hinstellte, als könnte er der älteren Geliebten seine Herzensneigung ungeschmälert erhalten, die jüngere aber auf das Gebiet triebhaft-sinnlicher Hingabe beschränken. Er fühlt, daß er sein früheres Verhältnis zu Frau von Stein nicht wiederherstellen kann; er hat sich durch die italienische Reise von ihr gelöst, und er denkt nicht daran, in die alte, peinvolle Lage zurückzukehren... Aber einen völligen Bruch möchte er, wenn es irgend möglich ist, vermeiden; die freundliche Neigung, Achtung und Aufgeschlossenheit der Frau, die ihm so viel bedeutet hat, will er nicht preisgeben. Die beseligende Liebeskraft, die edle Bildungsmacht, die so tief auf ihn eingewirkt haben – sie dürfen nicht aus dem lebendigen Ganzen seines Lebens ausgeschieden werden, um vor seinen Blikken medusenhaft zu versteinern! Natürlich fühlt er, daß Charlotte sich mit einer Christiane nicht in den Geliebten teilen kann, und darum versucht er, das neue Verhältnis als eine Bagatelle hinzustellen, oder er fleht mit ohnmächtigen Worten, die nur ein mitleidiges Lächeln hervorrufen können, die Hilfe der ehemals Geliebten an, damit das neue Verhältnis ›nicht ausarte, sondern stehen bleibe, wo es steht‹. Bei strenger Selbstprüfung hätte er wahrscheinlich zu diesem Zeitpunkt schon eingestehen müssen, daß er sich von Christiane nicht mehr trennen konnte. Die Gründe dafür? Wir finden sie in köstlichen Versen, auch solchen der späteren Jahre, die wir getrost heranziehen können:

Neigung besiegen ist schwer; gesellet sich aber Gewohnheit,
Wurzelnd, allmählich zu ihr, unüberwindlich ist sie.

Oder:

Die Liebste ... spähet sorglich den Wünschen des Mann's, dem sie sich eignete, nach ...

Denn vor andern verlieh der Schmeichlerin Amor die Gabe,
Freude zu wecken ...

Laß dich, Geliebte, nicht reun, daß du mir so schnell dich ergeben!
Glaub es, ich denke nicht frech, denke nicht niedrig von dir.
Vielfach wirken die Pfeile des Amor: einige ritzen,
Und vom schleichenden Gift kranket auf Jahre das Herz.
Aber mächtig befiedert, mit frisch geschliffener Schärfe

Dringen die andern ins Mark, zünden behende das Blut.

Und schließlich kündet sich knospenhaft Wachsendes an:

Ach, mein Hals ist ein wenig geschwollen! so sagte die Beste
Ängstlich. – Stille, mein Kind! still! und vernehme das Wort:
Dich hat die Hand der Venus berührt; sie deutet dir leise,

Daß sie das Körperchen bald, ach! unaufhaltsam verstellt.
Bald verdirbt sie die schlanke Gestalt, die zierlichen Brüstchen;
Alles schwillt nun, es paßt nirgends das neuste Gewand,
Sei nur ruhig! es deutet die fallende Blüte dem Gärtner,
Daß die liebliche Frucht schwellend im Herbste gedeiht.

Wesentliches ist in den angeführten Versen ausgesagt: Wie die Macht der Gewohnheit mitwirkte, wie Christiane sich schmiegsam den Bedürfnissen des Mannes anpaßte, wie ihre Heiterkeit ihn erquickte – Achtung und Mitleid, die Goethe dem ›gefallenen Mädchen‹ nicht versagen mochte, und Verantwortung für das Kind, das unter ihrem Herzen heranwuchs. Vielleicht vermißt man in dieser Aufzählung Entschlußlosigkeit und Schwäche, wie Schiller sie später in Goethes Verhalten bemerkte. Es soll nicht geleugnet werden, daß sie im Spiele waren, aber ausschlaggebende Bedeutung darf man ihnen doch wohl nicht zuerkennen. Goethe war stark genug, Friederike Brion im Stich zu lassen, die Verlobung mit Lili Schönemann zu lösen und die Bande zu lockern, die Charlotte um ihn geschlungen hatte: Allein Christiane gegenüber sollte er zu schwach gewesen sein, um ein gefahrdrohendes Verhältnis aufzulösen? War Schwäche im Spiel, so war sie mit zarter Rücksicht, mit Anständigkeit gepaart – war Entschlußlosigkeit vorhanden, so ist sie von einer Gewöhnung nicht zu trennen, die Goethe täglich wohltuender empfand. Besonders wird das Bedürfnis, einen eigenen Herd zu gründen, sich gerade damals kräftig gemeldet haben: Goethe trat in sein 40. Lebensjahr und hatte eben einunddreiviertel Jahr Reise- und Studentenleben in Italien hinter sich gebracht. Nun flehte der heimgekehrte Dichter zu den Göttern:

Oft erklärtet ihr euch als Freunde des Dichters,
ihr Götter!
Gebt ihm auch, was er bedarf! Mäßiges braucht er,
doch viel:
Erstlich freundliche Wohnung, dann leidlich zu essen,
zu trinken
Gut; der Deutsche versteht sich auf den Nektar,
wie ihr.
Dann geziemende Kleidung und Freunde, vertraulich
zu schwatzen;
Dann ein Liebchen des Nachts, das ihn von Herzen
begehrt.
Diese fünf natürlichen Dinge verlang ich vor allem.

Die Annehmlichkeiten eines gepflegten, behaglichen Heims wußte er von Jugend auf zu schätzen, den Freuden der Tafel war er nie abgeneigt. Das alles hat mitgesprochen, als er Christiane in sein Haus aufnahm:

Ich wünsche mir eine hübsche Frau,
Die nicht alles nähme gar zu genau,
Doch aber zugleich am besten verstände,
Wie ich mich selbst am besten befände.

Wann Christiane ganz zu Goethe übersiedelte, wissen wir nicht genau. In einem weimarischen Briefe vom Oktober 1790, den Wilhelm Bode anführt, heißt es, Chistiane sei im Goethehaus ›so gut als etabliert‹. Sie durfte die Tante Juliane mitbringen, eine unverheiratete Schwester ihres Vaters, bei der sie seit dessen Tod gelebt hatte. Auch zog die zehn Jahre jüngere Stiefschwester Ernestine mit ihr bei Goethe ein, und beide waren freundlich geduldete Hausinsassen bis zu ihrem Lebensende. – Als das Jahr 1789 – das Jahr der Französischen Revolution – zu Ende ging, stand Christianens erste Niederkunft unmittelbar bevor. Schon am 5. Dezember 1789 schrieb Karoline von Beulwitz an Schiller: ›Sein (Goethes) Liebchen ist in Kindesnöten seit fünf Tagen und wird vermutlich sterben.‹ Aus Goethes Munde oder von ärztlicher Seite wissen wir nichts davon, daß die letzten Wochen der Schwangerschaft eine ernstliche Gefahr für Christiane bedeutet hätten. Am 25. Dezember schenkte sie einem Knaben das Leben, der am 27. in der Hofkirche zu St. Jakob von Oberkonsistorialrat Schultze auf die Namen August Walther (später wurde noch Julius hinzugesetzt) getauft wurde. Goethe hatte den Herzog gebeten, Pate des Kindes zu sein; der Herzog hatte es auch zugesagt, war aber nicht erschienen und hatte auch keinen Vertreter entsandt. So wurde die Tante Juliane als einzige Patin eingetragen.

Mit der Aufnahme Christianens in Goethes Haus und mit der Geburt Augusts hatte die Liebschaft ein Ende, die Lebensgemeinschaft, die heimliche Ehe begann. Der ewige Kampf zwischen Amor und Fama, den Goethe in einer der Römischen Elegien erzählt hatte, entbrannte damit zu voller Heftigkeit. Standesdünkel, moralische Engherzigkeit, pharisäerhafte Überheblichkeit und vor allem häßlicher Neid bestimmten fortan das Verhalten der Weimarer Gesellschaft zu dem ›Haus- und Bettschatz‹, der ›Mamsell Vulpius‹, die sich den Platz an Goethes Seite durch Verführungskünste erschlichen hatte. Leider muß gesagt werden, daß Frau von Stein, die in den edelsten Frauengestalten Goethes weiterlebt, nicht die Seelengröße besessen hat, stolz und still zu verzichten. Ihre Liebe konnte sich nicht vergeistigen zu der hohen Selbstlosigkeit, die nötig gewesen wäre, um dem sieben Jahre jüngeren Manne die Befriedigung sexueller Bedürfnisse, die Lebensgestaltung nach eigenem Sinne zuzubilligen. So stand sie grollend, verbittert beiseite und blieb durch viele Jahre hindurch Goethes rührendem Werben um Versöhnung und Freundschaft unzugänglich. Für Christiane hatte sie nur verächtliche Bemerkungen und schmähende Worte bereit, die sie in ihrem Bekanntenkreise ausstreute. Bei der mit ihr befreundeten Charlotte von Schiller fielen ihre Worte auf besonders günstigen Boden; bedauerlicherweise ließ sich auch Schiller selbst stark gegen Goethes Lebensgefährtin beeinflussen. Im allgemeinen war das Verhalten der Hof- und Beamtenkreise so, daß man Christiane im persönlichen Verkehr mit Goethe (erst recht natürlich im amtlichen und schriftlichen) als nicht vorhanden betrachtete, hinter seinem Rükken aber sie bei jeder Gelegenheit herabsetzte, verdächtigte, schmähte.

Wenn wir nun damit beginnen, Christianens Lebensgemeinschaft mit Goethe zu schildern, müssen wir leider vorausschicken, daß wir viel mehr die Geschichte des Getrenntseins als die Geschichte des Beisammenseins berichten können; denn Goethe war fast jedes Jahr mehrere Monate von Weimar abwesend, auf Bildungs- oder Badereisen oder in Begleitung des Herzogs, oder er verzog sich nach Jena, um dort ungestört arbeiten zu können. Man mache sich auch klar, daß die beinahe einzige Quelle, aus der wir unsern Bericht schöpfen können, die Briefe sind, die zwischen Goethe und Christiane gewechselt und natürlich nur in den Zeiten der Trennung geschrieben wurden. – Die zweite italienische Reise, die Goethe im März 1790 antrat, entfernte ihn für drei Monate von Weimar – das erstemal, seitdem er seinen neuen Hausstand gegründet hatte. Der Abschied von den Seinigen habe ihn ›ganz mürbe‹ gemacht, bemerkt er beiläufig in einem Briefe an Herder. Dieser war offenbar der einzige Freund, dem Goethe die Daheimgebliebenen anvertrauen mochte. In dem Abschiedsbrief an Herder vom 12. März 1790 sagt er: ›Da man gegen das Ende weich und sorglich zu werden anfängt, so fiel mir erst ein, daß nach meiner Abreise mein Mädchen und mein Kleiner ganz und gar verlassen sind, wenn ihnen irgend etwas zustieße, worin sie sich nicht zu helfen wüßte. Ich habe ihr gesagt, sich in einem solchen äußersten Falle an Dich zu wenden. Verzeih!‹ Es hat etwas Rührendes, zu sehen, wie Goethe sich für die Zumutung an den Freund entschuldigt; offenbar setzt er Zweifel in dessen Bereitschaft. Man hat den Eindruck, daß er seine Bitte erst in letzter Stunde aussprach, weil es ihm vorher an Mut fehlte. Und es klingt wie eine Erleichterung, wenn wir in einem aus Mantua an Herder geschriebenen Briefe lesen: ›Für die Gesinnungen gegen meine Zurückgelassenen danke ich Euch von Herzen; sie liegen mir sehr nahe und ich gestehe gern, daß ich das Mädchen leidenschaftlich liebe. Wie sehr ich an sie geknüpft bin, habe ich erst auf dieser Reise gefühlt.‹ Vorher schon hatte er in einem Briefe an den Herzog das erstaunliche Geständnis getan: seiner Liebe zu Italien sei durch diese Reise ein ›tödlicher Stoß‹ versetzt worden. Als wesentlichen Grund hierfür gibt er seine Neigung ›zu dem zurückgelaßnen Erotio und zu dem kleinen Geschöpf in den Windeln‹ an, die er beide dem Freunde empfiehlt. Leider besitzen wir aus diesen Jahren noch keine Briefe Goethes an Christiane und umgekehrt, aber wir werden dafür reich entschädigt durch die ›Venezianischen Epigramme‹, in denen das Thema Christiane zugleich heiter und sehnsüchtig erklingt.

Glänzen sah ich das Meer, und blinken die liebliche Welle,
Frisch mit günstigem Wind zogen die Segel dahin.
Keine Sehnsucht fühlte mein Herz; es wendete rückwärts,
Nach dem Schnee des Gebirgs, bald sich der schmachtende Blick.
Südwärts liegen der Schätze wie viel! Doch einer im Norden
Zieht, ein großer Magnet, unwiderstehlich zurück.

Weit und schön ist die Welt! doch o wie dank ich dem Himmel,
Daß ein Gärtchen, beschränkt, zierlich, mir eigen gehört!
Bringet mich wieder nach Hause! Was hat ein Gärtner zu reisen?
Ehre bringt's ihm und Glück, wenn er sein Gärtchen besorgt.

Welch ein Mädchen ich wünsche zu haben? Ihr fragt mich. Ich hab sie,
Wie ich sie wünsche, das heißt, dünkt mich, mit wenigem viel.
An dem Meere ging ich, und suchte mir Muscheln. In einer
Fand ich ein Perlchen; es bleibt nun mir am Herzen verwahrt.

Aus Italien zurückgekehrt, konnte sich Goethe nur wenige Wochen des Zusammenlebens mit Christiane erfreuen. Ende Juli reiste er mit dem Herzog ins Heerlager nach Schlesien. Wie sehr der Sinn für häusliche Freuden – philisterhaftes Behagen, wenn man so sagen will – in ihm gewachsen ist, zeigt ein Brief an Herder vom 11. September: ›Auch bei mir hat sich die vis centripeta mehr als die vis centrifuga vermehrt. Es ist all und überall Lumperei und Lauserei, und ich habe gewiß keine eigentlich vergnügte Stunde, bis ich mit Euch zu Nacht gegessen und bei meinem Mädchen geschlafen habe. Wenn Ihr mich lieb behaltet, wenige Gute mir geneigt bleiben, mein Mädchen treu ist, mein Kind lebt, mein großer Ofen gut heizt, so hab' ich vorerst nichts weiter zu wünschen.‹ – Im nächsten Jahr (1791) mag sich Goethe im häuslichen Kreise so wohl gefühlt haben, wie es der Brief an Herder ausmalt, denn er war so seßhaft wie lange nicht wieder. Im November gesellte sich Johann Heinrich Meyer zu den Hausgenossen, der Schweizer Maler und Kunstgelehrte, den Goethe in Italien schätzengelernt hatte. Er war ein bescheidener, stiller, gütiger Mann, der den Fröhlichen nicht im Wege stand und durch sein Schwyzer-Dütsch selbst viel Heiterkeit erregte. Christiane hatte in jeder Hinsicht für ihn zu sorgen, bis er sich im Jahre 1803 verheiratete und einen eigenen Hausstand gründete. Andererseits besaß sie in ihm ›einen ruhigen Freund‹, eine Stütze und einen Trost in den vielen Monaten, die Goethe ihr fernblieb. Sie konnte sich an ihn wenden, wenn sie sich vereinsamt fühlte oder wenn die bösen Zungen ihrer Mitbürger sie übermäßig peinigten. Auch beim Briefeschreiben hat Meyer ihr gewiß geholfen, denn sie bedurfte einer solchen Hilfe sehr.

Der Briefwechsel zwischen Goethe und Christiane setzt – soweit er uns erhalten ist – im Jahre 1792 ein. Ehe wir aus dieser Quelle schöpfen, möchten wir sie im Überblick schildern und bewerten. Mit Goethes Briefen an andere Frauen darf man diejenigen an Christiane natürlich nicht vergleichen. An Frau von Stein schreibend, hat Goethe dem Psalter der Liebe die himmlischsten Töne entlockt, wunderbar bewegt und reich, glühend und zart. Die Briefe an Christiane sind keine Zeugnisse der Leidenschaft – sie reden die nüchterne Sprache des Alltags, behaglich und bequem, zuweilen verliebt und kosend, nie über das natürliche Maß der Empfindungen hinausgehend, ohne gewaltsame Steigerungen und große Gebärden. Sie sind von einer wenig schwankenden, wohltuenden Wärme durchstrahlt und gönnen den guten Gaben dieser Erde breiten Raum. Sie sind ganz unliterarisch, nur für den Hausgebrauch geschrieben, besitzen aber einen großen Vorzug: Wir hören meistens das treue Echo der anderen Seite, das im Falle der Frau von Stein ausbleibt, die ihre Briefe an Goethe zurückgefordert und vernichtet hat. Christianens Persönlichkeit läßt sich daher sicherer erkennen als diejenige ihrer großen Feindin, die wir nur durch Goethes Augen, nur durch das ›Medium der Liebe‹ anschauen können. Leider weist der Briefwechsel klaffende Lücken auf. Für die Jahre 1789 bis 1792 und 1804 bis 1809 fehlen uns die Briefe Christianens; immerhin besitzen wir im ganzen 601 Briefe, 354 von Goethe und 247 von Christiane. Ein natürlicher, nicht besonders ausgeprägter Entwicklungsverlauf ist zu erkennen. Die Briefe des ersten Drittels sind lebhafter in ihren Gefühlsäußerungen als die späteren: verliebte Sehnsucht, Freude, Enttäuschung, Unruhe, Dankbarkeit. In der zweiten Gruppe sind die Liebesbeteuerungen nicht weniger zahlreich und manche ebenso lebhaft, aber die

Haus- und Wirtschaftsangelegenheiten nehmen breiteren Raum ein, außerdem werden Badefreuden berichtet und Theaterereignisse mitgeteilt. In der dritten Gruppe gleichen die Goethischen Briefe einem Strom, der in verbreitertem Bette gemächlich dahinzieht, sie wandeln sich weithin zu Reisetagebüchern, die nicht für Christiane allein bestimmt sind, sondern zugleich ihre Hausgenossen im Auge haben. Sie selbst bedient sich häufiger eines Schreibers oder richtiger: eines Sekretärs, der ihre Sätze rundet und verknüpft – an persönlicher Färbung verlieren dadurch natürlich die Briefe der einen wie der andern Seite, aber der Eindruck ehelicher Verbundenheit bleibt für mein Gefühl der gleiche. Sonderbar mutet es an, daß Christiane bis zur Eheschließung Goethe schlicht und zärtlich anredet: ›Liebster, Bester – lieber Schatz‹ – nach der kirchlichen Trauung aber: ›Lieber Geheimrath!‹ – Unter allen ›Seligkeiten, deren Christiane sich rühmen durfte‹, war nach Goethes Wort ›die Schreibseligkeit die allergeringste.‹ Die Feder sträubte sich in ihrer Hand, die Sätze wollten nicht geraten, wie der plauderfrohe Mund sie hervorsprudelte. Ihre Rechtschreibung verdient diese Bezeichnung wahrhaftig nicht; die drolligen Eigenmächtigkeiten der Frau Rat Goethe und die bekannten Schnurren Blüchers werden von Christiane weit überboten. Ihre Wortbilder sind zuweilen überhaupt nicht zu enträtseln, man muß aus den Wortklängen, und zwar aus den mundartlich-weimarischen, den Sinn zu erraten suchen. – Wer Goethe ›aus nächster Nähe‹ kennenlernen will mit seinen menschlichsten Eigenschaften und Bedürfnissen, kann nicht besser ergötzt werden, als es durch die Christiane-Briefe geschieht. Hier hält er mit seinem Hausschatz vertrauliche Zwiesprache und überschreitet nirgends den Kreis ihres Denkens und Empfindens. Wie menschlich er uns hier entgegentritt, möge vorweg ein kleines Beispiel zeigen: ›Gedenket meiner‹, schreibt er einmal an Christiane und ihre Gesellschafterin, ›bei einer Tasse Chokolade, und wenn im Theater ein Pfefferminzküchelchen genommen wird.‹ Mit vergnügtem

Schmunzeln erlernen wir bald die Geheimsprache, der sich die Ehegatten bedienten: Wir sehen, wie der gewaltige Sprachschöpfer mit seinem Stoffe behaglich spielt, und beobachten, wie Christiane gelehrig darauf eingeht. Er nennt die Lebensgefährtin sein ›kleines Naturwesen‹, und sie greift die Bezeichnung dankbar auf. Dem häufig abwesenden Manne versichert die Geliebte oft, sie sei ›hasig‹, das heißt bestens dazu aufgelegt, Zärtlichkeiten zu empfangen und zu geben, sich anzuschmiegen und einzuschmeicheln. ›Schlampamps-Stündchen‹ oder ›Schlender- und Hätschelstündchen‹ sind es, die dem Kosen und Plaudern ganz allein gewidmet sind, in denen fröhlich ›gehast‹ wird. Ziemlich geheimnisvoll klingt es, wenn Christiane mitteilt: ›Ich bin auch ein Hase, wenn ich nicht seit der Redoute schon ein Meerweibchen wäre.‹ Alle Frauen werden aus Erfahrung die Lösung ohne Nachhilfe zu finden wissen. – Als unbequem und entstellend empfanden die Eheleute zuweilen den Zustand, den man so schön und fromm den ›gesegneten‹ genannt hat. Sie sprachen dann vom ›Pfuiteufelchen‹ und von der ›Krabskrälligkeit‹. Die emsige Hausfrau aber muß nach dem Rechten sehen, solange sie noch in Küche und Keller ›herumgräbeln‹ kann. Die ›Schätzchen‹ oder die ›Koseweiber‹ stellen sich ebensogern vor wie nach der schweren Stunde ein – aus Wißbegier und Plaudersucht. Wenn nun der Gatte gar zu lange ausbleibt und die hoffende Frau von Ängsten und Nöten bedrängt wird, dann muß sie ein wenig ›gramseln‹ und dem Geliebten einen ›kramseligen‹ Brief schreiben. Ihre ›Betrübniß offenbarend‹, verscheucht sie die Schatten der Sorge – sie ist schon wieder ein ›Hasenfuß‹, freut sich auf die nächste Redoute und findet es ganz in der Ordnung, wenn sich dort ›ein paar Äuglichen mit einschleichen‹. Das ›Äugeln‹ gehört nun einmal zu den natürlichsten Trieben einer gesunden, hübschen Frau: Sie muß immer mal wieder prüfen, ob sie einem Manne den Kopf verdrehen könnte … Das Fest ist verrauscht, die Nacht ist vergangen: Der Arbeitstag fordert wieder sein Recht. Mit geräumiger Tasche macht sich der Hausschatz auf den Weg zum Krämer, zum Kommissionär oder zum Jahrmarkt, um zu sehen, was sich für Töpfe und Truhen ›einkrapseln‹ läßt. Der Ehemann im fernen Karlsbad hat sich indessen ein paar seidene Halstücher gekauft, aber er wird ihrer nicht recht froh, denn die Tücher eignen sich auch als Kopfputz, und deshalb fürchtet der Erfahrene, seine Frau werde sie ihm ›wegkrapseln‹, kaum daß er wieder daheim sei. – Wir können diese Abschweifung über den Briefwechsel Goethes mit seiner Frau nicht besser abschließen als mit der Versicherung liebenswürdig-bescheidener Anspruchslosigkeit, die in folgendem Distichon des Dichters enthalten ist:

Welche Schrift ich zwei-, ja dreimal hintereinander
Lese? Das herzliche Blatt, das die Geliebte mir schreibt.

Das Leben einer Frau, das sich ganz auf den häuslichen Pflichtenkreis beschränkt, ist ein unbrauchbarer Stoff für den Rhapsoden – nur der Idyllenschreiber kommt hier zu seinem Recht. Und doch hat das große Weltgeschehen auch in Christianens Leben mehrfach eingegriffen. Wir hörten oben, daß Goethe 1790 zu seinem Herzog ins Heerlager nach Schlesien berufen wurde. Zu kriegerischen Handlungen kam es dort nicht, wohl aber schloß sich eine Reise an, die mehrfach Anregungen bot. 1792 dagegen handelte es sich um einen Feldzug von großer geschichtlicher Bedeutung; die alten gekrönten Häupter Europas hatten sich zum ›Kreuzzug‹ gegen die Revolution in Frankreich entschlossen. Karl August nahm an der Campagne teil und wünschte Goethe in seiner Nähe. Dieser reiste Anfang August ab und ließ seine besorgte Freundin mit dem kleinen August für längere Zeit allein. Wieviel Trost und Freude ihr die ›Feldpostbriefe‹ des geliebten Mannes spendeten, läßt sich lebhaft mitempfinden, wenn man Goethes Brief vom 10. September 1792 aus dem Lager bei Verdun liest:

›Ich habe Dir schon viele Briefchen geschrieben und weiß

nicht, wenn sie nach und nach bei Dir ankommen werden. Ich habe versäumt, die Blätter zu numerieren, und fange jetzt damit an. Du erfährst wieder, daß ich mich wohl befinde. Du weißt, daß ich Dich herzlich lieb habe. Wärst Du nur jetzt bei mir! Es sind überall große breite Betten, und Du solltest Dich nicht beklagen, wie es manchmal zu Hause geschieht. Ach! mein Liebchen! Es ist nichts besser als beisammen zu sein. Wir wollen es uns immer sagen, wenn wir uns wieder haben. Denke nur! Wir sind so nah an Champagne und finden kein gut Glas Wein. Auf dem Frauenplan solls besser werden, wenn nur erst mein Liebchen Küche und Keller besorgt.

Sei ja ein guter Hausschatz und bereite mir eine hübsche Wohnung. Sorge für das Bübchen und behalte mich lieb.

Behalte mich ja lieb! Denn ich bin manchmal in Gedanken eifersüchtig und stelle mir vor: daß Dir ein andrer besser gefallen könnte, weil ich viele Männer hübscher und angenehmer finde als mich selbst. Das mußt Du aber nicht sehen, sondern Du mußt mich für den besten halten, weil ich Dich ganz entsetzlich lieb habe und mir außer Dir nichts gefällt. Ich träume oft von Dir, allerlei confuses Zeug, doch immer daß wir uns lieb haben. Und dabei mag es bleiben.

Bei meiner Mutter (Goethe hatte sie bei der Durchreise in Frankfurt besucht) habe ich zwei Unterbetten und Küssen von Federn bestellt und noch allerlei gute Sachen. Mache nur, daß unser Häuschen recht ordentlich wird, für das Andre soll schon gesorgt werden. In Paris wirds allerlei geben, in Frankfurt gibts noch ein zweites Judenkrämchen (Reiseeinkauf). Heute ist ein Körbchen mit Liqueur abgegangen und ein Päcktchen mit Zuckerwerk. Es soll immer was in die Haushaltung kommen. Behalte mich nur lieb und sei ein treues Kind, das Andre gibt sich. Solang ich Dein Herz nicht hatte, was half mir das Übrige, jetzt da ichs habe, möcht ichs gern behalten. Dafür bin ich auch Dein. Küsse das Kind, grüße Meyern und liebe mich.

Im Lager bei Verdun, den 10. September 1792. G.‹

›Mache nur, daß unser Häuschen recht ordentlich wird‹ – damit ist das stattliche Haus am Frauenplan gemeint, in das Goethe mit seiner kleinen, ›nicht heiligen‹ Familie im Juni eingezogen war, um es nunmehr bis zum Ende seines Lebens zu bewohnen. Zunächst allerdings hatte man sich in den bescheidenen Stuben des Hinterhauses eingerichtet, weil im Vorderhaus eine Treppe in italienischem Geschmack eingebaut und die Zimmer gestrichen werden sollten. Die Malerarbeiten, die der Hausfrau vermehrte Mühe brachten, zogen sich lang hin; erst Mitte Juli hören wir, daß im Haus nun alles fertig sei und der Saal zu Ende der Woche möbliert werden könne. Goethe kehrte Mitte Dezember 1792 von der mißglückten Campagne heim. ›Meine Ankunft in Weimar‹, sagt er in seiner Beschreibung des Feldzuges, ›sollte auch nicht ohne Abenteuer bleiben; sie ereignete sich nach Mitternacht und gab Anlaß zu einer Familienszene, welche wohl in einem Roman die tiefste Finsternis erhellen und erheitern würde... Die Meinigen entgegneten mir munter und gesund, und als es an ein Erzählen ging, contrastierte freilich der heitere, ruhige Zustand, in welchem sie die aus Verdun gesendeten Süßigkeiten genossen, mit demjenigen, worin wir, die sie in paradiesischen Zuständen glaubten, mit aller denkbaren Noth zu kämpfen hatten.‹ Das erste Viertel des Jahres 1793 sah die Goethische Familie glücklich beisammen; der Dichter schuf in rasch fortschreitender Arbeit das Hexameter-Epos ›Reineke Fuchs‹, während Christiane im Hauswesen ›gar sorgfältig und thätig waltete‹. Des Abends bekam sie wahrscheinlich jeden neu erzählten Streich Reinekes zu hören, denn Goethe liebte es, die Wirkung seiner Arbeiten an dem Publikum selbst zu erproben. Hinreichendes Verständnis durfte er in diesem Falle von seiner Freundin erwarten; aus ihrem Munde konnte er die Stimme des unliterarischen Volkes vernehmen. ›Pfingsten, das liebliche Fest war gekommen‹, der Anfang des Epos, ist das einzige Zitat aus Goethes Werken, das in Christianens Briefen vorkommt. – Mitte April meldete Goethe seinem Freunde Jacobi: ›Ich bin schon wieder reisefertig und werde, wenn sich Mainz nicht kurz resolviert, der Blockade oder Belagerung beiwohnen.‹ Karl August, der mit der preußischen Armee vor der von den Franzosen besetzten Stadt lag, wünschte auch diesmal die Anwesenheit des Minister-Freundes. Goethe nahm eine häusliche Sorge mit auf die Reise, denn der kleine August war an den Blattern erkrankt, und dieses Übel war damals, wo die Schutzimpfung noch nicht eingeführt war, viel gefährlicher als heute. Christiane war vor Goethes Aufbruch nach Jena gereist, um den Knaben dort von dem trefflichen Arzt Starke behandeln zu lassen. Mitte Mai konnte sie berichten, daß die Gefahr überstanden sei. Sehr hübsch plaudert sie von der Rückkehr nach Weimar; wie der Knabe den Schloßturm erblickte, habe er gerufen: ›Mutter! da ist ja Weimar, nu bin ich froh, da komm ich beis Väterchen.‹ Darin sollte er sich getäuscht finden; sein Vater kehrte erst am 22. August zu den Seinen zurück. Goethe besuchte auch auf dieser Reise seine Mutter in Frankfurt, und die Gespräche, die er mit ihr führte, bewirkten den ersten Gruß, den die warmherzige Frau Rat der Freundin ihres Sohnes sandte. Wie dieser Gruß wirkte, soll uns der folgende Brief zeigen, der keinen fühlenden Menschen ungerührt lassen kann: ›Lieber‹, so schreibt Christiane am 7. Juni (1793) an Goethe, ›ich habe das schöne Tuch und alles erhalten und mich herzlich gefreut, aber der Gruß von der lieben Mutter ging mir über alles, ich habe vor Freuden darüber geweint. Ich habe was ohne Dein Wissen gethan, ich habe an die liebe Mutter geschrieben und mich bei ihr bedankt, mein Herz ließ mir es nicht anders zu, ich mußte schreiben, Du wirst doch nicht böse darüber? Der Brief wird nun freilich nicht recht sein, aber bitte die liebe Mutter, daß sie nicht böse auf mich wird, und sage ihr, daß ich es nicht besser kann. Ach, Lieber, wenn Du nur hier wärst und sähest, wie ich mich über das alles freue, aber am meisten freu ich mich, daß die liebe Mutter nicht böse auf mich ist, das macht mich sehr glücklich, denn das hat mich noch mannichmal betrübt…‹ Das

Tuch, das Christiane gleich mit den ersten Worten erwähnt, hatte Goethe auf der Reise gekauft, damit sie die ›Pfuiteufelchen‹ zudecken konnte, die ›itzo ziemlich augenscheinlich werden‹.

Christiane also war guter Hoffnung, und zwar zum drittenmal seit ihrem Liebesbund mit Goethe. Im Oktober 1791 war sie von einem toten Knaben entbunden worden – dem neuen Keim in ihr sah sie mit um so stärkerer Hoffnung entgegen. Aber es gab wieder eine schmerzliche Enttäuschung für sie und Goethe: Am 21. November 1793 kam ein Mädchen zur Welt, das nur 14 Tage lebte. Noch zweimal mußten die Eltern ihre schönsten Hoffnungen zu Grabe tragen, kaum daß sie Gestalt angenommen hatten. 1795 wurde ein Knabe geboren, der nach knapp drei Wochen wieder hinüberschlummerte, 1802 wurde Christiane das letztemal entbunden, und zwar von einem Mädchen, das nur ein paar Tage atmete. Fünfmal also ist sie Mutter geworden, aber nur ihr erstgeborener Sohn hat sein Leben auf rund 41 Jahre gebracht. Auch er ist also frühzeitig gestorben, nachdem er schon lange an seinem Leben unselig gelitten hatte. Die tiefste Ursache seines Todes war seelische Haltlosigkeit, Unausgeglichenheit, Maßlosigkeit – die Wurzel war schon krank, als der Wipfel noch grünte. Die Söhne Augusts waren erst recht lebensuntüchtig, vornehme Menschen wohl, aber körperlich und seelisch entartet, von einer Empfindlichkeit, die ihnen das Leben in der menschlichen Gesellschaft zur Qual machte. Sie empfanden deutlich und mit bitterer Genugtuung, daß sie die letzten aus dem Stamme des Tantalus wären, auf dem der Fluch neiderfüllter Götter lastete. War Christiane die schuldige oder schuldlose Ursache dieses entsetzlichen Verfalls? Der Vorwurf ist erhoben worden, aber der Beweis dafür ist sehr schwer zu erbringen; eher läßt sich zu ihrer Entlastung einiges sagen. Selbst wenn sie eine Trinkerin war, dem Genuß von Wein und Likör unmäßig ergeben, konnte sie doch diesem Laster in den ersten Jahren ihres Zusammenlebens mit Goethe schwerlich so sehr frönen, daß die unglücklichen Geburten von 1791 bis 1795 darauf zurückzuführen wären. Ob aber ihre Trinkfreudigkeit überhaupt das Ausmaß eines Lasters annahm, das ist die Frage, die später noch erörtert werden soll. Wenn aus Goethes Verbindung mit Christiane keine reiche und lebenstüchtige Nachkommenschaft hervorgegangen ist, so sind dafür noch andere, schwerer wiegende Gründe vorhanden. Man darf nicht übersehen, daß Goethe selbst keiner ganz gesunden Familie angehörte – diese Behauptung mag viele befremden, wenn nicht gar empören, die mit der Goethischen Familiengeschichte nicht vertraut sind. Wer aber weiß, daß Goethes Vater an einer arteriosklerotischen Seelenstörung traurig dahinsiechte – er hatte aus Venedig wahrscheinlich die ›französische Krankheit‹ mitgebracht –, wer beachtet, daß von des Dichters fünf Geschwistern keines gesund war – Cornelia, die allein die Kinderjahre überstand, war schwer pathologisch, ein tief beklagenswerter Mensch –, der wird prüfen müssen, ob nicht auch hier der Grund für das Kindersterben im Goethischen Hause zu suchen ist. Neuerdings glauben einige Mediziner, es auf eine Unverträglichkeit der Blutmerkmale beider Elternteile (Rhesusfaktorinkompatibilität) zurückführen zu können.

Was aber die Nachkommenschaft August von Goethes anbelangt, so ist weiter zu berücksichtigen, daß dessen Verbindung mit Ottilie von Pogwisch sich bald als eine ausgesprochen ungünstige Gattenwahl herausstellte.

Die tiefen Schatten, die sich über die Nachkommenschaft Goethes lagerten, mögen nach dieser kurzen, aber notwendigen Betrachtung weichen und freundlich besonnten Bildern Platz machen. Wir haben Goethe im Feldlager vor Mainz verlassen oder richtiger auf dem Rückweg in Frankfurt, wo er seine Mutter noch einmal besuchte. ›Mein herumschweifendes Leben‹, so schrieb er von dort an Jacobi, ›und die politische Stimmung aller Menschen treibt mich nach Hause, wo ich einen Kreis um mich ziehen kann, in welchen außer Lieb und Freundschaft, Kunst und Wissenschaft nichts herein kann.‹ In diesem Zauberkreis verhielt er sich denn auch 1793/94 sehr ruhig; nur ab und zu ließ er sich ›durch Rückkehr in den Uterus der Alma Mater (Jenensis)‹ verjüngen. Im Herbst 1794 gab Christiane sich alle Mühe, um die unbequemen Bedürfnisse eines erlauchten Gastes zu befriedigen, den Goethe auf ein paar Wochen in sein Haus eingeladen hatte. Es war Friedrich Schiller, der größte mitstrebende Freund, den das Schicksal ihm soeben zugeführt hatte. Wie schön wäre es, wenn wir am Ende dieser Tage, in denen der kränkelnde Mann sich der hausmütterlichen Aufmerksamkeit Christianens empfehlen durfte, ein weitherzig-wohlwollendes Wort aus seinem Munde vernähmen, aber er schweigt über die Frau, die er offenbar als Wirtschafterin anzusehen entschlossen war. Noch unangenehmer berührt es, daß Schiller auch bei Geburt und Tod im Goethischen Hause nie ein Wort der Teilnahme und des Trostes für Christiane gefunden hat, von der er doch wissen mußte, wie schwer sie körperlich und seelisch zu leiden hatte. Als 1795 die vierte Geburt Christianens bevorstand, spielten die beiden Dichterväter leicht und scherzhaft mit dem Gedanken, daß sie sich durch ihre Kinder verschwägern könnten. Wie schön wäre dieses Gespräch durch einen menschlich warmen Gruß an Christiane beendet worden! – den aber konnte Schiller seinem Standpunkt ihr gegenüber nicht abgewinnen. 1790 hatte er an seinen Freund Körner geschrieben, er hielte es für sehr wahrscheinlich, daß Goethe so schwach sein würde, die Mutter seines Sohnes in wenigen Jahren zu heiraten. Es könne ihn aber verdrießen, wenn Goethe mit einem solchen ›Geniestreich‹ aufhöre, ›denn man würde nicht ermangeln, ihn dafür anzusehen‹. Ausführlicher über den gleichen Gegenstand hat sich Schiller in einem Briefe an die Gräfin Schimmelmann ausgesprochen, der allerdings nicht im Original erhalten ist und darum nicht als zweifellos echt gelten kann. Hier heißt es im November 1800: ›Es wäre zu wünschen, daß ich Goethe ebenso gut in Rücksicht auf seine häuslichen Verhältnisse rechtfertigen könnte, als ich es in Absicht auf seine literarischen und bürgerlichen mit Zuversicht kann. Aber leider ist er durch einige falsche Begriffe über das häusliche Glück und durch eine unglückliche Ehescheu in ein Verhältnis gerathen, welches ihn in seinem eigenen häuslichen Kreise drückt und unglücklich macht und welches abzuschütteln er leider zu schwach und zu weichherzig ist. Dies ist seine einzige Blöße, die aber niemand verletzt als ihn selbst, und auch diese hängt mit einem sehr edlen Theil seines Charakters zusammen.‹ Man spürt hier deutlich das Bemühen Schillers, den großen Freund gerecht und wohlwollend zu beurteilen, aber ebensosehr das Unvermögen, sich in seine menschlichen Bedürfnisse einzufühlen. Wieviel richtiger Mutteraugen die Sache ansahen, das soll nun ein Brief der Frau Aja zeigen, den sie am 24. September 1795 schrieb, nachdem sie erfahren hatte, daß Christiane wieder guter Hoffnung sei: ›Auch gratulire zum künftigen neuen Weltbürger – nur ärgert mich, daß ich mein Enckelein nicht darf ins Anzeigblättgen setzen lassen – und ein öffentlich Freudenfest anstellen – doch da unter diesem Mond nichts Vollkommenes anzutreffen ist, so tröste ich mich damit, daß mein Hätschelhans vergnügt und glücklicher als in einer fatalen Ehe ist – Küsse mir Deinen Bettschatz und den kleinen Augst –.‹ Da haben wir den genauen Gegensatz: Schiller meint, eine würdige Ehe sei höher zu schätzen als das vollkommene häusliche Behagen – Goethes Mutter aber sagt: Daß du mit deinem ›Bettschatz‹ vergnügt und glücklich bist, ist besser als eine ›fatale‹ Ehe! – In einer dritten brieflichen Äußerung Schillers lesen wir, Goethes Gemüt sei nicht ruhig genug (zur Arbeit), weil seine ›elenden häuslichen Verhältnisse‹, die er zu schwach sei zu ändern, ›vielen Verdruß‹ erregten. (21. Oktober 1800 an Körner.)

Nun, wir stehen in der Erzählung von Christianens Leben mit Goethe auf der Schwelle des Jahres 1795 und können durchaus nicht finden, daß die häuslichen Verhältnisse einen elenden Eindruck machen. Eher möchten wir behaupten, daß es nicht sehr viele legitime Ehen gibt, in denen die Gattenliebe und das Elternglück so überzeugend zum Ausdruck kommen wie in der ›wilden Ehe‹ Goethes. Entfernen wir das unschöne Bild, das der spätere, unselig gewordene August bietet, so zeigt sich jetzt ein auffallend hübscher, geistig reger und sehr liebenswürdiger Knabe und ein Elternpaar, dessen Blicke sich dankbar begegnen, wenn sie mit Wohlgefallen auf dem Kinde geruht haben. Im Spätsommer 1795 nahm Goethe den sechsjährigen August mit nach Ilmenau, wohin er durch den üblen Zustand der Poch- und Schmelzwerke gerufen worden war. Was für ein liebliches Bild von Vaterglück entrollt sich aus den Briefen an die daheim gebliebene Mutter des Kindes! Am 29. August lesen wir: ›Ich behalte den Kleinen bei mir, er ist so artig, als sich nur denken läßt. Er hat schon vieles gesehen: den Schacht, das Pochwerk, die Porzellanfabrik, die Glashütte, die Mühle, worauf die Marmorkugeln zum Spiele der Kinder gemacht werden, und überall hat er etwas mitgenommen und spricht gar artig von den Sachen. Dann hält er sich zu allen Leuten und ist schon überall bekannt. Hier schickt er Dir einen weißen Pfefferkuchen, den er selbst gern gegessen hätte … Er sitzt eben auf dem Canapee, ich habe ihn ausgezogen, und wir sind die besten Freunde.‹ Und am 2. September: ›Ich hab ihm einen Berghabit machen lassen, und morgen, da die Bergleute einen Aufzug haben, soll er mitgehen. Das macht ihm großen Spaß, aber in die Kirche will er nicht mit hinein. Er bringt Dir eine Tasse mit, die man ihm geschenkt hat, und füttert sich überhaupt aufs beste.‹

Den Juli dieses Jahres hatte Goethe in Karlsbad zugebracht; es war die erste Badereise seit der ›Ehe‹ mit Christiane. Es beginnt damit die lange Reihe von Badereisen, die er meist ohne die Gefährtin unternommen hat. Bekanntlich hat er nicht nur körperliche Erholung durch Brunnen- und Badekuren gesucht, sondern auch seelische Erfrischung in geselligem Umgang mit gebildeten Menschen, mit anregenden, schönen Frauen. Man wird geneigt sein, zu sagen: Goethes großes Vergnügen an diesen Badefreuden – ein Vergnügen, das er offenbar am besten allein genoß! – deute mindestens auf ein Nachlassen der ehelichen Liebe. Ich glaube nicht, daß dem so ist. Aber ich gebe zu, daß Goethe sich als Ehemann in einem viel größeren Kreise und freier bewegt hat, als das bürgerlich verheiratete Männer gemeinhin tun. Er brauchte Abwechslung, Ungebundenheit, erregendes Abenteuer. Er wäre nicht glücklich gewesen mit einer Frau, die keinen Schritt von seiner Seite wich, außer da, wo es die Not und die Pflicht erheischten. Darum hatte er eine Lebensgefährtin gewählt, die ihm ein sehr großes Maß von Bewegungsfreiheit zugestand, ohne zu schmollen und zu klagen – vor allem aber, ohne ihn deswegen weniger zärtlich zu lieben. Ich bin überzeugt, daß der ehelichen Treue keine ernstliche Gefahr aus dieser Bewegungsfreiheit erwachsen ist – trotz mancher Liebelei, die auf beiden Seiten vorfiel –, vielmehr wurde die Gattenliebe durch die Trennungen immer wieder aufgefrischt. Es muß noch ausdrücklich betont werden, daß Goethes Vertrauen zu Christiane groß genug war, um ihr den ausgelassenen heiteren Umgang mit den ›Lustigen von Weimar‹ in seiner Abwesenheit zu gestatten – also das gleiche Maß von Bewegungsfreiheit auf einem engeren Kreise. Bei wiederholter Versenkung in das Goethische Eheverhältnis kann man nur zu dem Ergebnis kommen, daß die ›lose Koppelung‹ sich bei diesen sehr ungleichen Menschen ausgezeichnet bewährt hat. Das Band der Treue, das sie verknüpfte, war lang und leicht und locker wie ein Rosenband – aber es war trotzdem fest und sicher. Diese Überzeugung gewinnt man aus einem genauen, wiederholten Studium von Goethes Briefwechsel mit Christiane unbedingt. – Die Karlsbader Reise von 1795 dauerte nur vier Wochen, und wenn auch Goethe in seinem zweiten Reisebrief neckend mitteilte: ›Die Gesellschaft ist sehr zahlreich und angenehm, es gibt manchen Spaß und Äugelchen die Menge‹, so mußte er sich doch gerade dabei überzeugen: ›Von Osten nach Westen – zu Hause am besten!‹ Das folgende Jahr (1796) sah Goethe mehrmals zu längerem Aufenthalt in Jena, wo er in lebhaftem Verkehr und Meinungsaustausch mit Schiller vor allem ›Wilhelm Meisters Lehrjahre‹ förderte. Christiane durfte ihn ein paarmal mit ›Gusteln‹ besuchen, und welche Freude ihr das bereitete, mögen ein paar Zeilen aus ihrem Briefe vom 13. Januar empfinden lassen: ›Keine größere Freude, mein Lieber, hättest Du mir nicht machen können als die, daß ich Dich abholen soll. Es ist sehr gehuppst worden, und das Bübchen hat mit gehuppst. Ich komme Sonntag ganz gewiß, wenn es nur leidlich Wetter ist... Ich und das Bübchen sind recht wohl und bald vor Freuden unklug. Ich will auch den Freitag nicht so lange auf der Redoute bleiben, damit ich den Sonntag recht heiter bin...‹ Und am Schluß nochmals mit einem drolligen Stolpern über die Anredeform: ›Leben Sie wohl, es bleibt dabei – mir kommen.‹ Trotzdem unterblieb der Besuch in diesem Falle – wir wissen nicht, aus welchen Gründen. Ein andermal begleiteten Christiane und Gustel den Vater bis Kötschau. Nach Weimar zurückgekehrt, zeichnete sie das folgende drollig-rührende Bild von ihrem Trennungsschmerz: ›Stell Dir vor, wie lieb Dich Deine beiden Hasen haben: wie Du in Kötschau von uns weg warst, gingen mir raus und sahen auf dem Berg Deine Kutsche fahren, da fingen mir alle beide eins an zu heulen und sagten beide, es wäre uns so wunderlich.‹

Für den in Jena weilenden Eheherrn hatte Christiane in mancherlei Weise zu sorgen, denn mit der Küche dort war er meist unzufrieden, wie ein Brief vom 17. April 1810 zeigen soll: ›Das Essen (bringt mich) beinahe zur Verzweiflung. Ich übertreibe nicht, wenn ich sage, daß ich vier, fünf Tage bloß von Cervelatwurst, Brot und rothem Wein gelebt... Ich bitte Dich also aufs allerinständigste, mir mit jedem Boten-Tage etwas Gutes, Gebratenes, einen Schöpsenbraten, einen Kapaun, ja einen Truthahn zu schicken, *es mag kosten, was es will,* damit wir nur zum Frühstück, zum Abendessen, und wenn es zu Mittag gar zu schlecht ist, irgend etwas haben, was sich nicht vom Schwein herschreibt. Ich mag Dir nicht sagen, wie verdrießlich und ärgerlich ich die Zeit her gewesen bin...‹ Übrigens war Goethe nicht, wie es hiernach scheinen könnte, ein Schweineverächter. Von ihrem Hausgeschlachteten schickte Christiane ihm häufig einen ›Preßkopf‹ oder die selbstgemachten Knackwürste, die ihn besser dünkten als alle, die in Jena zu haben waren. Mit einer getrüffelten Gänseleberpastete konnte sie dem Feinschmecker eine besondere Freude bereiten. Für Schokolade mußte sie immer wieder sorgen, wenn der Vorrat zu Ende ging. Bestimmte Weinsorten, viel Mineralwasser und gelegentlich ein paar Flaschen Oberweimarisches Bier waren der Botenfrau oder dem Fuhrmann mitzugeben. (Daß die leeren Flaschen zurückgegeben wurden, war ihre beständige Sorge dabei!) Goethe dagegen scheint den Weimarer Haushalt mit Seife zeitweise versorgt zu haben; auch sandte er Wildbret oder Geflügel und Obst, wenn dergleichen in Jena besser zu haben war. Vor allem kam öfters Blumen- und Gemüsesamen nach Weimar mit Anweisung, wie damit zu verfahren sei.

Langeweile ließ Christiane nicht aufkommen, wenn sie auch noch so lange allein blieb. Ihre Tage waren angefüllt mit froh verrichteter Arbeit und leidenschaftlich genossenem Vergnügen. ›Tages Arbeit, abends Gäste, / Saure Wochen, frohe Feste‹ – es scheint fast, als stamme diese Losung von ihr. Es gewährte ihr die größte Befriedigung, daß Goethe sein Hauswesen ›ordentlich und zierlich‹ fand, wenn er von seinen Reisen heimkehrte. Man muß sich vergegenwärtigen, daß in einem Haushalt um die Wende des 18. zum 19. Jahrhundert vieles geleistet werden mußte, was heute die Technik oder gewerbliche Betriebe der Hausfrau, wenn nicht abnehmen, so doch erleichtern. Gewiß standen Christiane Dienstboten, Gärtner und Kutscher zur Verfügung, aber dieses Personal mußte auch angewiesen und beaufsichtigt werden. Das Haus allein war schon sehr weitläufig, die Zahl der Räume beträchtlich, aber die Tätigkeit der Hausfrau erstreckte sich des weiteren über zwei Gärten (der ›alte Garten‹ im Stern!), auf Acker und Wiese und das Krautland an der Lotte, das Christiane 1796 in Goethes Abwesenheit erwarb. Da gab es vielerlei zu ernten: Obst, Gemüse und Wein, der am Hause gedieh, Heu auf der Wiese und Kartoffeln auf dem Acker. Christiane schaffte Hühner und Gänse an, vielleicht fütterte sie auch Schweine – jedenfalls ließ sie im Hause schlachten. Einmal hören wir, daß sie einen rechten ›Rathkauf‹ mit Flachs getan hat: Den will sie gleich hecheln, um zu sehen, ob er so gut ist, wie sie gedacht hat. Sie war also nicht Hausfrau allein, sondern fast eine Bäuerin, und das schon, ehe das Gut in Oberroßla erworben wurde, wozu die Verhandlungen 1796 begannen. Zum Vergnügen blieben ihr trotzdem Zeit und Kräfte in Fülle, ja, es scheint, als habe die Arbeit das Verlangen nach Unterhaltung und das Vergnügen die Lust an der Arbeit gesteigert. Da gab es Nachbarschaftsbesuche und Einladungen, Gesellschafts- und Kartenspiele im Hause, ein heiteres Frühstück mit ›Kugeln‹ im Erholungsgarten, Lustpartien und Picknicks in der Umgebung von Weimar, ein ›Vauxhall mit Janitscharenmusik‹ im ›Welschen Garten‹, Vogelschießen und Jahrmärkte, Brunnenfege in Jena und Roßmarkt in Buttstädt, Schlittschuhfahren auf dem Schwansee oder Ausfahrten im klingelnden Pferdeschlitten. Vor allem aber: Tanz und Maskerade der Redouten und regelmäßiger Besuch des Komödienhauses. Goethe wußte um all diese Freuden und billigte sie gern. 1796 ermahnte er Christiane, für ihre Reitequipage zu sorgen, damit sie gelegentlich eines längeren Besuches in Jena beim Hofstallmeister Seidler das Reiten erlernen könne. 1799 entschließt er sich zum Ankauf eines sehr stattlichen Gefährts, nicht zuletzt, um seiner Frau eine Freude damit zu machen.

Christianens Briefe aus dem Jahre 1797 sind die lebhaftesten, persönlichsten, die sie geschrieben hat. Ihrem Liebesverlangen, ihrer Sehnsucht, ihrer Ergebenheit und Dankbarkeit gibt sie hier den stärksten Ausdruck, den sie zu finden weiß. Hier einige Proben: Am 25. Februar 1797. ›Daß es Dir gut gehet, freut mich sehr, ich will recht beten, daß es bald an das Gedicht (Hermann und Dorothea) kommt, daß wir es uns alsdann können recht wohl sein lassen.

Wenn Du so weg bist, sehe ich immer, wie schlecht es mir zu Muthe sein wird, wenn Du in Italien sein wirst. Vielleicht kann ich auch das weg beten. Ich denk, es geht mir, seit ich mit dem Schatz bin, alles zum Guten aus, so wird es da auch so gehen. Der gute Schatz macht mich so oft mit allerlei glücklich, daß ich doch auch einmal zu Deiner Glückseligkeit etwas beitragen muß, und das besteht in Schwarzwurzeln, die hier folgen …‹ Am 3. März 1797: ›… gestern, Lieber, fehltest Du, um mich zu trösten. Ich bin so erschrocken, daß ich noch immer mich nicht recht erholen kann. Es wurde Feuer gerufen, und ich sahe zum Fenster naus und sahe gleich Rauch und Flammen zusammen, es war auf dem Plan, 2 Häuser von dem Schneider, wo nichts als Schindeldächer waren. Aber durch die guten Anstalten ist bald wieder gelöscht worden. Du kannst Dir aber mich denken, ich war beinahe todt, und in 2 Minuten war auch schon unsere ganze Stube voll gute Freunde, die mir beistehen wollten. Und in Gedanken wünschte ich nur Dich …‹ Am 8. März 1797: ›Daß Du Dich auch wieder nach uns sehnest, freut mich, weil es mir ebenso geht. Mir ist alles gar nicht recht, ich habe sehr übeln Humor. Ich sehe nicht ein, wie ich es ein halbes Jahr aushalten soll. Und der Kleine fragt mich den ganzen Tag: ‚Holen mir denn das Väterchen noch nicht bald ab?' Ich will Dich auch wegen des nüberkommens nicht quälen, und wenn ich es nur 2 Stunden vorher erführ, daß mir Dich holen sollten, so will ich bereit sein … Man sollte, wenn man zusammen ist, immer fröhlich und lustig sein; ich habe mir es auch fest vorgenommen, wenn ich bei Dir bin, immer froh zu sein.‹ Am 12. März 1797: ›Lieber Schatz, ich bin sehr in Sorge, Du bist kränker, als Du mir schriebest. Man sagt hier, Du wärst sehr krank, ich bin recht in Sorge. Aber, nicht wahr, Lieber, Du hättest mir es gewiß geschrieben oder mich zu Dir kommen lassen. Dem Bübchen darf ich gar nichts davon wissen lassen, sonst weint es den ganzen Tag. Warte Dich nur recht ab und bleib so lange drüben, als Du es für nöthig hältst. Mache uns nur die Freude, daß mir Dich abholen dürfen.‹ Bevor Goethe sich zu der geplanten großen Reise rüstete, versuchte Christiane, ihrem Bruder, der sich noch immer in großer Bedrängnis befand, durch Fürbitte zu helfen. Das Mitleid mit dem ›unglückseligen Theaterdichter‹ (so nennt sie den Bruder) und Liebesvertrauen zu Goethe trieben die kleine Frau aus den Grenzen ihrer Zurückhaltung und ließen sie bewegende Worte finden. Sie bat ihren Beschützer darum, des Bruders Gehalt als Bibliotheksregistrator (er war soeben angestellt worden) von Ostern angehen zu lassen, weil er schon Vorschuß bekommen und ›noch sein Fähnichen bei den Juden zu bezahlen habe‹. ›Du wirst Deinen Hasen nicht unerhört lassen‹, schließt der Brief. 1788, nach Entgegennahme des Bittgesuches aus Christianes Händen, hatte Goethe ihrem Bruder durch Empfehlungen an seine Freunde und Bekannten zu helfen gesucht – offenbar ohne Erfolg. Christian August war dann nach Weimar zurückgekehrt und hatte sich als Theaterdichter bei der Bellomoschen Truppe und unter Goethes Theaterleitung nützlich erwiesen. Er bearbeitete Bühnentexte, übersetzte Opern aus dem Französischen und Italienischen, dichtete Prologe und Epiloge, Huldigungsgedichte für Schauspieler und Ansprachen an das Publikum meist auf Bestellung. Diese zahlreichen Arbeiten wurden einzeln und offenbar jämmerlich schlecht bezahlt, so daß Vulpius, der immerfort auch schriftstellerisch tätig war, nur mühsam sein Dasein fristen konnte. Eine noch so bescheidene feste Besoldung für seine dramaturgischen Arbeiten hat er nicht erlangen können, aber die Anstellung als Bibliotheksregistrator mit einem sehr bescheidenen, langsam ansteigenden Gehalt bewahrte ihn künftig vor der drükkendsten Sorge.

Christianens Verlangen, den geliebten Mann um sich zu haben, steigerte sich, je länger er in Jena blieb. Am 7. Juni 1797 war er schon drei Monate und ein paar Wochen drüben, da hielt sie es nicht mehr aus: Sie machte einen rührend ungeschickten Versuch, ihm von seiner Arbeit abzureden: ›Ich dächte aber, du fingst nichts Neues an, und sähest, daß vielleicht das Gedicht (Hermann und Dorothea) fertig wär, und machtest itzo eine Weile nichts mehr, denn es ist doch ein bißchen zu arg, und am Ende könnte es Dir doch auch schaden.‹ Woher die wachsende Erregtheit in Christianens Briefen, die freudige und verlangende? Man möchte sie in Zusammenhang bringen mit den großen Erlebnissen, die ihr bevorstanden: die erste Reise ihres Lebens und das erste Hintreten vor das Angesicht der Frau Aja in Frankfurt. Goethe stand damals in den Vorbereitungen für seine dritte Reise nach Italien, die gründlichen Studien dienen sollte. Er hatte beschlossen, Frau und Kind bis Frankfurt mitzunehmen und seiner Mutter vorzustellen. Goethe empfand die Reise als ein großes Unternehmen, dessen Ausgang sich nicht sicher vorhersehen ließ. Deshalb setzte er ein Testament auf, nachdem er seine Mutter gebeten hatte, auf ›ihre sämtliche Erbschaft‹ zu seinen Gunsten zu ›renunciiren‹. In diesem Testament, das er vom Herzog bestätigen ließ, damit ›nach seinem Ableben keine Obsignation statt habe, vielmehr seine Erben ohne dieselbe und ohne weitere gerichtliche Inventur zu dem Besitz seines Nachlasses gelangten‹ – in diesem Testament also vermachte er ›seiner Freundin und vieljährigen Hausgenossin‹ den Nießbrauch alles dessen, was er zur Zeit seines Todes im weimarischen Lande besitzen werde; als Erben setzte er ihren gemeinsamen Sohn ein. Wir erkennen aus diesen Bestimmungen mit aller Klarheit, daß er Christianens Zukunft über die Grenzen seines Lebens hinaus sichern wollte, aus der gleichen Fürsorgeverpflichtung und Dankesschuld, die ein Ehemann für seine ihm rechtmäßig verbundene Gattin empfindet. Daß er Christianens Kind in feierlicher Form als seinen Sohn anerkannte, geht unmittelbar aus der letztwilligen Verfügung hervor. Nachdem der große Akt unter fürstlicher Bürgschaft vollzogen war, mußte noch eine kleine bürokratisch-kniffligen Frage gelöst werden: Wie sollte der besondere Paß lauten, den Mutter und Sohn für ihre Rückreise brauchten: ›Ich überlasse Ew. Hochwohlgeboren‹, schrieb Goethe an den Kanzler von Koppenfels, ›ob Sie unbedenklich finden, etwa einen dergleichen auf Frau Vulpius und Sohn ausfertigen zu lassen, oder was Sie sonst schicklich und zweckmäßig finden... Der Name der Mutter ist Christiane und das Alter des Sohnes 7 und 1/2 Jahr.‹

Am 30. Juli reiste Goethe mit Frau und Kind ab, am 2. August kam man in Gelnhausen an. Hier trennte sich Goethe von den Seinen, um mit Extrapost nach Frankfurt vorauszufahren. Christiane und August trafen dort zwölf Stunden später ein. Drei Tage widmete sich Goethe seiner Frau, um ihr die Sehenswürdigkeiten der Stadt zu zeigen und mit ihr Besuche zu machen. Am 7. August bereits trat Christiane die Heimfahrt an, während Goethe etwas später seine Reise nach der Schweiz fortsetzte. Damit begann eine vierteljährige Trennung der beiden Ehegatten, die für Christiane nicht leicht zu ertragen war. Unterwegs schrieb sie einen tagebuchartigen Brief an Goethe. Aus Saalmünster berichtete sie ›das erste Schröcken auf der ganzen Reise‹: Ein Fuhrmann habe an einer engen Stelle, wo man nicht ausweichen konnte, umgeworfen, und beinahe sei der ganze Kram auf ihre Kutsche gefallen. Gleich darauf aber hatte es ein ›lustig Abenteuer‹ mit kaiserlichen Husarenoffizieren gegeben – die wären an ihre Kutsche herangeritten, um mit ihr zu schäkern. Es wurde über Pistolen gesprochen, die sie, weil Soldaten in der Nähe herumschweiften, ›ein bißchen weiter als sonst hervorgucken ließ!‹ Auch des Abends in Neuhof trug sie die Pistolen recht sichtbar in der Hand, weil sie durch fünfzig Soldaten, mit denen das Haus belegt war, hindurchgehen mußte. ›Und es hat keiner gepiepst!‹ Am 11. August kann sie ihre glückliche Rückkehr nach Weimar melden; die Erinnerung an die gemeinsam verlebten Reisetage läßt zunächst keine Sehnsuchtspein aufkommen. ›Wie Du, Lieber, so gut warst, und uns so lieb hattest, das werd ich nie vergessen. Und die liebe Frau Rath hat uns so gut aufgenommen! Ich glaube, ich bin nach der Reise ganz anders, ich komme mir ganz glückselig vor‹ und ›Wenn Du wiederkommst, da will ich Dich auch lieb haben, so wie Du Dir es gar nicht denken kannst.‹ Sehr zufrieden durfte sie mit dem Eindruck sein, den sie bei der Frau Rat hinterlassen hatte. Diese versicherte ihr in einem Brief vom 24. August: ›Das Vergnügen so ich in Ihrem Lieben traulichen Umgang genoßen, macht mich noch immer froh – und ich bin meinem Sohn vielen Danck schuldig, daß Er mir solches zu verschaffen die Güte hat haben wollen. So kurtz unsere Zusammenkunft war, so vergnügt und hertzlich war sie doch…‹ Anfang September schickte Christiane der Schwiegermutter Hufelands berühmtes Buch über ›Die Kunst, das Leben zu verlängern‹ mit einem ›heiteren, dankbaren Briefe‹, wie Goethe es gewünscht hatte. Christianens Brief ist nicht erhalten, wohl aber die Antwort der Frau Rat: ›Liebe Freundin! Zwey ja dreyfachen Danck bin ich Ihnen schuldig – vor die Hufländischen Bücher – vor die auserordentlichen schönen und wohlgerathenen Strümpfe – die mir wie angegoßen sind – und mich diesen Winter vor der Kälte wohl beschützen sollen – und endlich daß Sie mir doch ein klein Fünckgen Licht von meinem Sohn angezündet haben – ‹. Goethe war zu diesem Zeitpunkt in der Schweiz angelangt, und Christiane zitterte bei dem Gedanken, seine Reiselust könne ihn noch viel weiter von ihr entfernen. ›Ich bitte Dich um alles in der Welt‹, schreibt sie am 18. August, ›gehe itzo nicht nach Italien! Du hast mich so lieb, Du läßt mich gewiß keine Fehlbitte thun. Was mich die Menschen hier ängstigen, daß Du nach Italien gingest, das glaubst Du gar nicht; dem einen hat es der Herzog selbst gesagt, das andere weiß es von Dir gewiß, ich will gar keinen Menschen mehr sehen und hören. Lieber, Bester, nimm mir es nicht übel, daß ich so gramsele, aber es wird mir dießmal schwerer als jemals, Dich so lange zu entbehren; mir waren so aneinander gewöhnt.‹

Freundlich beruhigend und gelassen klingen die Antworten Goethes auf solche Angst- und Sehnsuchtsrufe der kleinen Frau. ›Laß die Menschen reden, was sie wollen‹, empfiehlt er ihr und knüpft den wiederholt ausgesprochenen Erfahrungssatz an: ›Du weißt ja die Art des ganzen Geschlechts, daß es lieber beunruhigt und hetzt, als tröstet und aufrichtet.‹ Als Christiane um den erkrankten August Sorge hegte und der Brand der Scheunen vor dem Erfurter Tor (am heutigen Goetheplatz) sie in heftigen Schrecken versetzt hatte, spendete Goethe hochwillkommene Worte der Liebe: ›Nun muß ich Dir noch mit eigener Hand einiges hinzufügen und Dir sagen: daß ich Dich recht herzlich, zärtlich und einzig liebe, und daß ich nichts sehnlicher wünsche, als daß Deine Liebe zu mir sich immer gleich bleiben möge. Mit meinen Reisen wird es künftig nicht viel werden, wenn ich Dich nicht mitnehmen kann. Denn jetzt schon möchte ich lieber bei Dir zurück sein, Dir im grünen Alkoven eine gute Nacht und einen guten Morgen bieten und mein Frühstück aus Deiner Hand empfangen. Auch ist unser Plan gemacht, bald zurückzukehren...‹ Lange hielten jedoch solche Beruhigungsmittel nicht vor. Am 2. Oktober kann Christiane dem Geliebten einen ganz ›gramseligen‹ Brief nicht ersparen. Es ist ihr zumute, als könne sie es ohne ihn nicht länger aushalten. Alles im Hause klagt über ihren ›übelen Humor‹. Seit der Trennung in Frankfurt hat sie keine rechte vergnügte Stunde mehr gehabt. Sie hat sich alle möglichen Zerstreuungen gemacht, aber nicht einmal das Schauspiel will ihr mehr schmecken. ›Und wenn Du‹, so heißt es am Ende des Briefes halb scherzend, halb greinend, ›nach Italien oder sonst eine lange Reise machst und willst mich nicht mitnehmen, so setz ich mich mit dem Gustel hinten darauf; denn ich will lieber Wind und Wetter und alles Unangenehme auf der Reise ausstehen, als wieder so lange ohne Dich sein. Es ist, als wäre es gar nicht möglich.‹ Wie mag sie aufgeatmet haben, als Goethe ihr mitteilte, er gedenke Mitte November wieder bei ihr zu sein, und hinzusetzte: ›Ich kann aber auch wohl sagen, daß ich nur um Deinet- und des Kleinen willen zurück gehe. Ihr allein bedürft meiner, die übrige Welt kann mich entbehren. Lebe recht wohl und habe mich so lieb wie ich Dich. Ich freue mich unaussprechlich, Dich wiederzusehen.‹ Am 20. November kehrte Goethe nach einer Abwesenheit von nahezu vier Monaten mit seinem Reisebegleiter Heinrich Meyer ins Haus am Frauenplan zurück. Den Rest dieses und die ersten Monate des folgenden Jahres blieben die Gatten vereint, nachdem sie auf ihrer ersten gemeinsamen Reise ihre Zusammengehörigkeit lebhafter als je empfunden hatten.

Die geschäftlichen Aufträge, die Christiane zu erledigen hatte, mehrten sich, je länger sie den abwesenden Hausherrn vertreten mußte. Ausgesprochen gern griff sie in die Verhandlungen ein, die zum Kauf des Freigutes Oberroßla führten. Ihrer kraftvoll lebhaften Natur entsprach gerade dieser Zuwachs an Wirtschaftsaufgaben und heiterer, ländlicher Unterhaltung. Der erste Pächter des Gutes, J. Fr. Fischer, wurde von Christiane empfohlen; denn sie stand mit Fischers Frau in freundschaftlichem Verkehr. Leider erwies sich die Wahl als unglücklich. Fischer wurde bald als ein leichtfertiger und nachlässiger Lebemann erkannt, der die Pacht schuldig blieb. Nicht nur der damals verbreiteten ›landschaftlichen Grille‹ folgend, entschloß sich Goethe zum Ankauf des Gutes, sondern auch, um seiner Frau eine unabhängige Existenz zu schaffen und die Möglichkeit, sich jederzeit durch Landaufenthalt dem angreifenden Stadtklatsch zu entziehen. Die feierliche ›Adjudikation und Übergabe‹ des Gutes fand am 22. Juni 1798 statt. Ehrwürdige alte Bräuche wurden dabei geübt: auf dem Herd des Gutshauses ein Feuer entzündet und wieder gelöscht, wodurch der neue Prinzipal von allen Gebäuden Besitz ergriff. Danach folgte die Übergabe aller zum Gut gehörigen Gärten, Wiesen und Äcker dergestalt, daß man ein ausgestochenes Stück Erde und einen frisch gebrochenen Zweig dem Gutsherrn überreichte. Am 22. Juni speiste man bei den ausscheidenen Verkäufern, am 23. fand das eigentliche Festessen statt, für das Christiane mit Hilfe der Frau Fischer gesorgt hatte. Sie hatte sich auf dieses Fest lebhaft gefreut – um so mehr fürchtete sie, Goethes leicht erregtes Mißfallen über eine ›Unschicklichkeit‹ könne die Festfreude stören. Daher hatte sie ihn angelegentlich gebeten, bei der Übergabe als bloßer Zuschauer zu erscheinen und sich nichts anfechten zu lassen. Ihre Sorge war in diesem Falle aber unbegründet: Goethe war in heiterster Laune. Der feierlichen Gutsübernahme folgte das Johannisfest auf dem Fuße, dessen Verlauf Christiane erdachte, punktweise durch ihren Bruder aufschreiben und Goethe zur Billigung übersenden ließ. Nach Kirchgang und Mittagessen sollten die Dorfbewohner mit Musik vor das Gut kommen und dort den ›Hämmel‹ abholen, den August und eine kleine Bäuerin im Festzuge führen durften. Bei dem Wirtshause wurde den Dorfbewohnern der Hammel übergeben und ein Ehrentrunk angenommen; dann zog man zum Gute zurück, um das ungeduldig erwartete Tanzvergnügen beginnen zu lassen. – Am 16. Juli begab sich Christiane schon wieder nach Oberroßla, um das Kirchweihfest vorzubereiten. Eigenmächtig übergab sie den Gutsleuten eine Erle von der Eigelwiese, die unter Musik gepflanzt werden sollte. Ängstlich bat sie für die Verwendung des Baumes um die nachträgliche Zustimmung Goethes, der zu ihrer Freude mit Heinrich Meyer und dem Minister von Voigt beim Feste erschien. Wenn man Karoline von Herder Glauben schenken darf, tauchte bei Goethe einmal der Gedanke auf, das Gut ›selbst zu administrieren‹, und zwar durch die ›Mademoiselle Vulpius‹, wozu aber die Nachbarschaft, wie Karoline behauptet, kein Gelingen prophezeite. Wenn eine solche Absicht wirklich bestanden hat, würde sie sehr für das Zutrauen sprechen, das Goethe in Christianens wirtschaftliche Tüchtigkeit setzte. – Goethes Freude an dem Landbesitz wurde schnell beeinträchtigt durch die Streitigkeiten mit dem Pächter Fischer und durch unerwartet hohe Kosten. Auch scheint er eingesehen zu haben, daß seine vielfältige Tätigkeit und Christianens Weimarer Hausfrauenpflichten den Aufenthalt in Oberroßla nicht so häufig erlaubten, wie man gedacht hatte. So entschloß er sich, das Gut am 12. Mai 1803 an seinen zweiten Pächter zu verkaufen.

Als Gutsbesitzerin hat Christiane demnach nur ein paar leichte Gastrollen geben können, und die Frage, ob sie sich als Gutsverwalterin ebensosehr bewährt hätte wie als Hausfrau, muß unbeantwortet bleiben. In ein anderes Rollenfach und Aufgabengebiet fand sich Christiane zu gleicher Zeit ganz selbstverständlich hinein: Sie wurde die bacchantische Begleiterin der Komödianten, oder, genauer gesagt, die Freundin einer Gruppe von Schauspielern und Schauspielerinnen, die für heiterste Geselligkeit und lustige Späße jederzeit zu haben waren. Darüber hinaus nahm sie sich der ganzen Truppe an: als Vermittlerin in persönlichen Angelegenheiten, als Schlichterin in Streitfällen, als Beobachterin und Berichterin, kurzum, als ein sehr bewegliches Bindeglied zwischen dem Theaterleiter Goethe und dem Bühnenvolk. Indem sie das Hoftheater auf seinen Gastspielreisen nach Naumburg, Rudolstadt, Lauchstädt und Halle begleitete, fand sie erwünschte Abwechslung und vermehrte Anlässe zu geselligen Lustbarkeiten. Auch Bekanntschaften ergaben sich; die meisten allerdings waren nur ganz flüchtig, oft galante, jugendschöne Tänzer für eine Ballnacht und eine Promenade am folgenden Tag. Ferdinand Heinke aus Breslau hat Christiane etwas länger ergötzt und hofiert, aber einen beständigen Freund gewann sie nur an Nikolaus Meyer. Dieser war 1799 als Student der Medizin von Goethe freundlich aufgenommen worden. Er durfte seine Doktorarbeit, die den Naturwissenschaftler in Goethe interessierte, zum großen Teil als Gast des Hauses anfertigen und seine Tierpräparate auf Christianens Herd auskochen. Er war zehn Jahre jünger als sie und daher flott genug für den Kreis der ›Lustigen von Weimar‹. Aber er konnte auch ernst und teilnehmend zuhören, raten, trösten und helfen – er war der einzige, dem Christiane ihr Herz ausschütten konnte, wenn Angst und Sorge sie bedrängten: Denn es blieben solche Nöte auch ihr nicht erspart. – Bei der schweren Erkrankung, die Goethe im Januar 1801 niedergestreckt hatte, vernahm sie angsterfüllt und ergriffen, wie der Leidende in seinen Fieberphantasien ›in die beweglichsten, herzergreifendsten Reden an den Erlöser ausbrach‹. Daß sich die lebenslustige Frau auch in solchen schweren Stunden bewährte, hat Goethe in einem Brief an seine Mutter vom 1. Februar 1801 nachdrücklich anerkannt: ›Wie gut, sorgfältig und liebevoll sich meine liebe Kleine bey dieser Gelegenheit erwiesen, werden Sie sich dencken; ich kann ihre unermüdete Thätigkeit nicht genug rühmen. August hat sich ebenfalls sehr brav gehalten, und beyde machen mir bei meinem Wiedereintritt in das Leben viel Freude.‹

Die erschütterte Gesundheit wiederherzustellen, reiste Goethe am 5. Juni für sechs Wochen nach Pyrmont, wohin er August, nicht aber dessen Mutter mitnahm. Diese mußte unterdessen das Gut Oberroßla an den zweiten Pächter übergeben und entschädigte sich im übrigen für das Alleinsein durch ein ›Rutscherchen‹ nach Naumburg und Sulza. Dem heimkehrenden Gatten und Sohn fuhr sie bis Kassel entgegen. Dort wurde am 15. August im Posthaus am ›Königsplatz‹ frohes Wiedersehen gefeiert – des Erzählens mag auf beiden Seiten kein Ende gewesen sein. Und zu staunen gab es auch für Christiane und ihren Gustel, als man tags darauf nach Wilhelmshöhe fuhr, um die Wasser springen zu sehen. Auf der Heimfahrt wurden der Wartburg und dem Metilstein, dem Schlößchen Wilhelmsthal und der Ruhl Besuche abgestattet.

In gleicher Gemeinsamkeit reiste die Familie Goethe 1802 – alsbald nach der Konfirmation Augusts durch J. G. Herder – nach Lauchstädt zur Einweihung des neuen Theatergebäudes. Aus einem Briefe Christianens an den obenerwähnten Freund Nikolaus Meyer (er hatte sich inzwischen als Arzt in seiner Vaterstadt Bremen niedergelassen) spüren wir die Festesfreude dieser Tage und den stolzen Mitgenuß der Huldigungen, die dem geliebten Manne an ihrer Seite dargebracht wurden. Daß sie als Demoiselle Vulpius noch immer taktvoll im Hintergrund verharren mußte, konnte ihr Glück nicht sehr beeinträchtigen. ›Im ersten Stück‹, so berichtet Christiane über die Eröffnungsvorstellung, ›das mit einem kleinen Vorspiel vom Geheimen Rath anfing, betitelt ‚Was wir bringen‘, waren 800 Menschen, wir waren auf dem Balcon in einer sehr schönen Loge, und wie das Vorspiel zu Ende war, so ruften die Studenten: ‚Es lebe der größte Meister der Kunst, Goethe‘; er hatte sich ganz hinten hingesetzt, aber ich stand auf, und er mußte vor und sich bedanken. Nach der Komödie war Illumination und dem Geheimen Rath sein Bild illuminiert und sein Transparent, und wir speiseten im Salon, wo auch wieder alles illuminiert war und der ganze Saal mit Blumen-Guirlanden geschmücket.‹ Eine Woge der Freude trug Christiane über diese Tage dahin, sie tanzte auf jedem Ball und mit jedem Studenten, ohne Unterschiede zu machen, wie sie selbst versichert, denn: ›sie erweisen mir alle, wo ich bin, sehr viel Artigkeit, sie haben auf den Geheime Rath und mein Vivat gerufen‹.

Heinrich Meyer, der gute Hausfreund, hatte Goethe auf dieser Reise begleitet. Er war zu Beginn des Jahres schwerkrank gewesen und hatte es Christiane nicht leicht gemacht, ihn wieder auf die Beine zu bringen. Sein Eigensinn hatte sie genötigt, allerlei kleine Listen zu gebrauchen, um durchzusetzen, was der Doktor Huschke und der ›Hausdoktor‹ (Nikolaus Meyer) angeordnet hatten. Christiane wußte den störrischen Schweizer zu nehmen, sie gab ihm scheinbar in allem recht, setzte sich aber trotzdem in ›Gravität‹ bei ihm. Es war der letzte große Liebesdienst, den sie dem langjährigen Hausgenossen geleistet hat, denn im November verheiratete sich Meyer mit Luise von Koppenfels und gründete einen eigenen Hausstand. August war glücklich, sich in den frei werdenden Zimmern mit seiner wachsenden Sammlung von Steinen und anderen Naturschätzen ausbreiten zu können. Das Jahr 1802, das in den hellen Lauchstädter Festtagen kulminiert hatte, ging mit bitterem Leid zur Rüste. Am 16. Dezember gebar Christiane das letzte ihrer fünf Kinder, ein ›ganz kleines Mädchen‹, das nur drei Tage auf der Erde verweilte. ›Die Mutter, so gefaßt sie sonst ist, leidet an Körper und Gemüth‹, schrieb Goethe an Schiller.

Es war nicht Christianens Art, lange an einer Verstimmung, einem Kummer zu leiden. Wie sie sich von körperlichen Erkrankungen, die schlagartig über sie kamen (Oktober 1799, Juli 1801), rasch erholte, so räumte sie auch dem Seelenschmerz kein Recht ein, ihre Lebenskraft zu untergraben. Ein halbes Jahr nach dem letzten traurigen Kindbett brauste ihre Daseinsfreude mit Urgewalt auf und ergoß sich schäumend nach allen Seiten. Ihr großer Lauchstädter Badeaufenthalt von Mitte Juni bis Ende Juli 1803 spiegelt sich in tagebuchartigen Briefen an den daheim gebliebenen Goethe. Erhitzt vom Tanze, mit hochroten Wangen und dankesfroh sehen wir sie an diesen Briefen schreiben, in denen sie ihre Vergnügungen mit größter Unbefangenheit ausplaudert. ›Es gefällt mir höllisch!‹, ›Es ist ein prächtiges Leben!‹ – auf diesen Ton sind alle Berichte gestimmt. Ein wirbelnder Reigen von Badefreuden zieht vor unseren Augen vorüber: Ständchen, Feuerwerk und Wasserfahrten, ein fröhlicher Krieg der männlichen Badegäste, hoch zu Roß, die Parteien durch bunte Federbüsche und Armbinden unterschieden – es wurde ›höllisch‹ geschossen dabei! – dann wieder Speisen in einem ›sehr brillianten Kaffeehause‹, Chokoladengesellschaft in der Allee, ein ausgelassenes Champagnerfrühstück beim Italiener Sangusto, Visiten und Gegenvisiten (bei Karoline Jagemann zum Beispiel), eine Punschgesellschaft, ein langes Gespräch mit Hofrat Schiller, vor allem aber ein ›Bällchen‹ nach dem anderen mit blitzenden ›Äuglichen von der ganz jungen Art‹ (dazu gehörte das ›schwarzköpfichte Breslauerchen‹, der oben schon erwähnte Ferdinand Heinke) und dann der lustige Weiberkrieg: das Wegkapern von ›Äuglichen und Curmachern‹ im Ballsaal und auf der Promenade – zuweilen spaziert man nicht zu Fuß über die Promenade, nach allen Seiten grüßend, zulachend, hinter dem Fächer kichernd und zwitschernd, sondern man fährt stattlich und stolz im eigenen Wagen daher und läßt die Augen nach allen Seiten schweifen, um mit Genugtuung festzustellen, daß die Leute die schönen Pferde, den Kutscher und den eleganten Bedienten anstaunen. – Mit den Weimarer Schauspielern fuhr Christiane nach Merseburg und Halle, um auch über die dortigen Gastspiele zu berichten, um die Huldigungen der Hallenser Studenten, die ›echte, biedere Jungen‹ sind, strahlend entgegenzunehmen. Überhaupt: Wie höflich sind hier alle Menschen zu ihr, sogar die Adligen lassen es nicht an Artigkeit fehlen! Wer Christianens ausschweifende Hingabe an die Badefreuden, die sie ohne Goethe genoß, anstoßerregend findet – und dieses Urteil ist berechtigt! –, der wird entwaffnet durch die herzlichen Versicherungen gesteigerter Liebe und Dankbarkeit, die ihre Vergnügungsberichte durchsetzen: ›Ich bin sehr glücklich, und so glücklich machst Du, Lieber, mich! Ich kann Dir nicht genug dafür danken... Wenn ich Dir nur auch soviel Gutes erweisen könnte! Aber lieben tue ich Dich immer mehr und unaussprechlich... Wie Du gibt es keinen Mann in der ganzen Welt... Lieber und Liebstes auf der Welt!‹

Man hat das Gefühl, daß der Knabe August in Lauchstädt und fortab auch in Weimar zu oft an den Tanz- und Tafelfreuden seiner Mutter teilnahm – er tat es mit offenen und zuweilen traurig-befremdeten Knabenaugen. Goethe stellte ihm damals (September 1803) einen neuen Hauslehrer an die Seite, der für seine humanistische Weiterbildung zu sorgen hatte: Friedrich Wilhelm Riemer, Schüler des großen klassischen Philologen Friedrich August Wolf in Halle. Riemer trat, wie einst H. Meyer, in Goethes Hausgenossenschaft ein.

Das zu Ende gehende Jahr 1803 führte Madame de Staël als bevollmächtigte Abgesandte der französischen Literatur nach Weimar. Sie war fest entschlossen, Goethe kennenzulernen, und erfuhr durch Christiane, daß er durch seine Arbeiten in Jena festgehalten sei. Die Vorstellung: Madame de Staël der Christiane gegenübersitzend, hat etwas sehr Komisches, denn verschiedener geartete Frauengestalten sind kaum denkbar. Frau von Staël kam indessen nicht gleich persönlich, sondern schickte einen Reisebegleiter, von dem Christiane kurz und bündig urteilte: ›Er scheint mir ein Franzose und ein Narr.‹ Sie gab ihm ›wohlweislich› eine hinausschiebende Antwort, um zu verhindern, daß Frau von Staël Goethe in Jena aufsuchte. Am liebsten hätte sie ihm den Besuch ganz vom Leibe gehalten, denn sie wußte, daß er als lästig und störend empfunden wurde. Aber Karl August rief dringend den Dichterfreund und Vasallen nach Weimar, um mit seiner Hilfe den anspruchsvollen Besuch besser bestehen zu können.

Auch im Jahre 1804 gebrauchte Christiane das ›Tanz- sowohl als das Wasserbad‹ in Lauchstädt. Der Aufenthalt dauerte vom 10. Juli bis 3. September, ab 17. August nahm Goethe daran teil. Wir sind über diese und die folgenden Badereisen Christianens schlecht unterrichtet, weil in ihrem Briefwechsel von 1804 bis 1809 die schon erwähnte Lücke klafft. Dunkle Sorge überschattete die ersten Monate des Jahres 1805: Goethe war schwer erkrankt. Christiane fiel nicht nur die Last der Pflege zu, sondern auch die quälende Angst, daß ihr Gefährte sie allein, hilflos und verstoßen unter schadenfrohen Menschen zurücklassen könnte. Aus bedrängtem Herzen schrieb sie am 12. April 1805 an Nikolaus Meyer, den einzigen Menschen, dem sie sich in dieser Lage anvertrauen mochte: ›Der Geheime Rath hat nun seit einem Vierteljahr fast keine gesunde Stunde gehabt und immer Perioden, wo man denken muß, er stirbt. Denken Sie also mich, ich, die außer Sie und dem Geheimen Rath keinen Freund auf dieser Welt habe, ... wie mir zu Muthe ist, ich bin wahrhaftig ganz auseinander. Und dann kommt noch dazu, daß die Ernestine sich abzehrt und auch dem Grabe sehr nahe ist, und die Tante ist auch sehr schwach, es ist also die ganze große Last der großen Haushaltung auf mich gewälzet, und ich muß fast unterliegen. Es wollen zwar die Leute behaupten, man sehe es mir nicht an, aber lange kann es doch nicht so fortgehen.‹ Man muß sich vergegenwärtigen, daß Goethe nicht nur von Zeit zu Zeit solche Krankheitsanfälle durchzumachen hatte, sondern daß seine Gemütsverfassung immer starken Schwankungen unterworfen war und daß er an hypochondrischen Zuständen litt. Christiane hatte es dann nicht leicht mit ihm – doppelt schwer, weil er so lebhaft war, so derb und hitzig. Aber sie wußte den Empfindlichen gut zu nehmen, ihre Liebe und dankbare Ergebenheit befähigten sie dazu: ›Ich lebe aber sehr in Sorge wegen des Geheimraths, er ist manchmal ganz hypochonder, und ich stehe viel aus, weil es aber Krankheit, so thue ich alles gern...‹ (An Nikolaus Meyer, 21. April 1803.)

Die Erregbarkeit Goethes macht es begreiflich, daß niemand aus seiner Umgebung ihm die furchtbare Nachricht von Schillers Tod überbringen wollte. Christianens gutherzige Tränen mußten den beunruhigten Mann erraten lassen, was geschehen war. Wir kennen den Vorgang aus einer genauen Schilderung von Heinrich Voß, der als junger Freund im Goethehause ein und aus ging. ‚Ich merke es', sagt er (Goethe) endlich, ‚Schiller muß sehr krank sein', und ist die übrige Zeit des Abends in sich gekehrt. Die gute Vulpius hat doch so viel Fassung, daß sie Goethe nichts entdeckt, sondern nur von einer langen Ohnmacht erzählt, aus der er sich jedoch erholt habe. Goethe läßt sich täuschen, aber er ahnt was Schlimmes. Als er zu Bette gegangen ist, stellt sich die Vulpius, die die ganze Nacht kein Auge zugethan hat, schlafend, um Goethe sicher zu machen, daß kein besorgliches Unglück vorgefallen sei, und Goethe, der die Vulpius ruhig athmen hört, schläft auch am Ende ein. Am Morgen sagt er zur Vulpius: ‚Nicht wahr, Schiller war gestern *sehr* krank?' Der Nachdruck, den er auf das ›sehr‹ legt, wirkt so heftig auf jene, daß sie sich nicht länger halten kann. Statt ihm zu antworten, fängt sie laut an zu schluchzen. ‚Er ist todt?' fragt Goethe mit Festigkeit. ‚Sie haben es selbst ausgesprochen!' antwortet sie. ‚Er ist todt', wiederholt Goethe noch einmal, wendet sich seitwärts, bedeckt sich die Augen mit den Händen und weint, ohne eine Silbe zu sagen.‹

Übers Jahr kehrte der Tod im Goethehause selbst ein: Kurz nacheinander starben Christianens jüngere Schwester Ernestine und die alte Tante Juliane, die sich der mutterlosen Kinder früh schon angenommen hatte. Für Christiane war es eine schmerzliche Einbuße an vertrauter Menschennähe und häuslicher Unterhaltung; darüber hinaus wuchs ihre Angst vor der Verlassenheit. Aber den Schatten der Sorge duldete sie nicht lange an ihrer Seite. Als es Sommer wurde, zog sie mit dem Bühnenvolk wieder nach Lauchstädt und war dort vergnügt wie je ›bei ihren Frühstücken, Mittagessen, Tänzen und Schauspielen‹. Goethe gebrauchte unterdessen die Kur in Karlsbad, um seine Gesundheit zu festigen. Mitte September waren die Gatten wieder in Weimar vereint; nur für zehn Tage ging Goethe noch einmal nach Jena. Man schrieb den 6. Oktober 1806, das große geschichtliche Ereignis, das an den Namen dieser Stadt geknüpft ist, stand unmittelbar bevor. Es hatte sich schon seit Monaten angekündigt durch Einquartierungslasten und preußische Offiziere, die Christiane an ihrem Tisch beköstigen mußte. In Weimar lagen damals die sämtlichen preußischen Garden. ›Es waren prächtige, aus dem Ei geschälte Leute, werth, die schönste Königin zu bewachen… Sie gaben uns hier treffliche Paraden, und das unabsehliche Lager auf dem weiten Felde gab einen imponierenden Anblick.‹ So hat uns der Professor Ludwig Fernow seine Eindrücke aus den letzten Tagen vor der Schlacht von Jena geschildert. ›Aber mein Vertrauen‹, so fährt er fort, ›wollte immer noch nicht wachsen, selbst auch da nicht, als am Abend vor der Schlacht auf dem Felde neben dem Webicht die ganze Garde des Königs aufmarschirt war… Es war ein herrlicher Herbstabend, die Sonne ging eben über Erfurt unter, als die Truppen nun endlich gegen Jena und Auerstädt zu zogen. Unnennbare Empfindungen durchströmten mich, und der Gedanke: wie vielen Tausenden unter euch, die ihr jetzt so freudig jubelt, geht heute die Sonne zum letztenmal unter! stimmte mich zur Wehmuth …‹

Über die Vorgänge des 14. Oktober 1806 sind wir, soweit sie Goethes Haus betrafen, aus den Mitteilungen Friedrich Wilhelm Riemers genau unterrichtet. Da diese Schilderung eines Augenzeugen hoch zu bewerten ist, geben wir sie zu einem großen Teil im Wortlaut wieder: ›Dienstag, den 14. Oktober 1806, des Morgens um 7 Uhr hörte man in Weimar ganz deutlich die Kanonade der Schlacht bei Jena. In Goethes Hausgarten vernahmen wir diesen Donner pelotonweise, ... der, wie der Tag zunahm, sich verminderte und endlich ganz aufzuhören schien. Wir setzten uns daher ohne weitere Beunruhigung zu Tische, wie gewöhnlich um 3 Uhr etwa, aber wir hatten kaum angefangen, von den Speisen zu genießen, als wir Kanonenschüsse erst einzeln, darnach mehrere hintereinander ganz in der Nähe vernahmen. Wir standen sogleich auf, der Tisch wurde schleunigst abgeräumt; Goethe entfernte sich durch die vordern Zimmer, ich eilte von der andern Seite durch den Hof in den Hausgarten und fand ihn bereits darin auf und ab gehend. Während dessen pfiffen Kanonenkugeln über das Haus hin. Es war von der Altenburg her, und eine der Kugeln hatte in das alte Theater eingeschlagen. Ich eilte durch den Hof ins Haus zurück, mich in den unteren Räumen aufzuhalten. Während dessen ging die preußische Retirade hinter dem Garten dicht an der Ackerwand weg, in der gräßlichsten Verwirrung. Ich sah sie nicht, sondern hörte nur das Geschrei und bemerkte die Spitzen der Gewehre und sonstigen Waffen über der Gartenmauer hinschwankend. Unter Angst und Erwartung der Dinge, die da kommen sollten, unter Hin- und Widerrennen der Hausleute und Wegschaffen von zurückgelassenen Effekten der bisherigen preußischen Einquartierung war vielleicht eine Stunde vergangen, als eine furchtbare Stille die Straßen und den Platz vor Goethes Hause erfüllte. Da kamen einzelne französische Husaren ans nahe Frauentor gesprengt, spähend, ob Feinde in der Stadt wären. Einer wagte sich etwas weiter herein; ... und als er alles leer sah, galoppierte er und mehrere ihm nach in die Stadt hinein ...

Goethe ließ uns vom Schloß ins Haus sagen, wir würden zur Einquartierung den Marschall Ney bekommen und außerdem noch einige Kavalleristen, sollten aber sonst niemand hereinlassen. Es lagerten sich auch bald sechzehn derselben, meist Elsasser, in das Bedientenzimmer, waren aber so ermüdet von dem sechzehnstündigen Ritt aus Franken bis nach Jena zur Schlacht, daß sie nach nichts als Streu verlangten und das angebotene Essen und Trinken beinahe ablehnten und sich rasch nur an einigen Bouteillen Weins und Biers erquickten... Goethe war indes zurückgekommen, allein der Marschall erschien immer noch nicht, ohngeachtet die Tafel für ihn und seine Begleiter schon lange bereit war. Die Elsasser schliefen indessen fest. Das Haus war verriegelt. Ich hielt mich auf der Hausflur hin und wider gehend auf, um gleich zur Hand zu sein, wenn der Marschall komme, indessen aber andres Volk, das sich eindrängen wollte, abzuhalten und im Notfall die Hülfe der schlafenden Reiter anzurufen. Während ich so allein auf der Diele des Hauses auf und ab gehend verweilte, ohne Licht und nur von den hochaufleuchtenden Flammen der in der Ferne brennenden Häuser die nötige Hellung empfangend, waren in einem der Zimmer des Hinterhauses eine Menge Personen aus der Stadt zusammengedrängt, die geflüchtet vor der Wut und den Mißhandlungen der Plünderer hier Schutz und Verborgenheit zu finden hofften. Einige derselben waren der Wirtin in Bereitung der Speisen und der Heraufschaffung des nötigen Kellervorrates für den erwarteten Marschall und sein Gefolge behülflich; andere jammerten über das wie ein Blitz hereingebrochene, noch nie erfahrene Unglück und Elend und vermehrten so die Bestürzung und Unruhe der Hausgenossen, die den Kopf zusammenzunehmen hatten, um das Nötigste und Geeignetste in dieser Bedrängnis nicht zu verfehlen. (Tief in der Nacht sah sich Riemer gezwungen, zwei Tirailleurs von der sogenannten ‚Löffelgarde', die wiederholt und unter Drohungen um Aufnahme ersucht hatten, ins Haus einzulassen. Im Hausflur setzte er ihnen Speise und Getränk vor.) Der Wein schien ihnen zu munden, sie wurden heiter und gesprächig, fragten nach diesem und jenem, auch nach dem Hausherrn. Ich entschuldigte seine Abwesenheit, und mochte ihnen scheinen, die Wahrheit zu verhehlen. Sie wurden immer dringender, ihn zu sehen; ich mußte befürchten, sie möchten sich selber den Weg zu seinem Zimmer suchen und es ihm dann empfindlicher entgelten lassen. Ich eilte zu Goethe hinauf, erzählte mit kurzen Worten den Hergang, und wie ich mir nicht weiter zu helfen wüßte und ihn bäte herunterzukommen, sich den Leuten zu zeigen und sie mit mehr Gewicht abzuweisen, als ich haben könne. Er tat es auch, ohne betroffen zu sein oder zu scheinen. In Erinnerung ähnlicher Auftritte der deutschen Krieger in der Champagne mochte er wohl denken, daß jetzt die Reihe an die Deutschen komme, und wie er sich in alles zu finden und zu fügen wußte, so auch in dieses. Obgleich schon ausgekleidet und nur im weiten Nachtrock – der sonst scherzhaft Prophetenmantel von ihm genannt wurde – schritt er die Treppe herab auf sie zu, fragte, was sie von ihm wollten, und ob sie nicht alles erhalten, was sie billigerweise verlangen könnten, da das Haus bereits Einquartierung habe und noch einen Marschall mit Begleitung erwarte. Seine würdige, Ehrfurcht gebietende Gestalt, seine geistvolle Miene schien auch ihnen Respekt einzuflößen, sie waren auf einmal wieder die höflichen Franzosen, schenkten ein Glas ein und ersuchten ihn, mit ihnen anzustoßen. Es geschah auf eine Weise, die jeder Unbefangene den Umständen gemäß und seiner nicht unwürdig erkannt haben würde.‹ Nicht lange danach drangen die Marodeure gewaltsam in das Zimmer, das für die Begleitung des angekündigten Marschalls vorgesehen war. Am Morgen erfuhr Riemer von den übrigen Hausgenossen, daß sie auch dort nicht geblieben, sondern dem Hausherrn aufs Zimmer gerückt wären und sein Leben bedroht hätten.) ›Da habe seine Frau einen der mit ins Haus Geflüchteten zu Hülfe gerufen, dieser habe Goethe von den Wütenden befreit, sie hinausgejagt, die Türen seines

Zimmers und Vorgemachs verschlossen und verriegelt. – Goethe selbst ließ sich nie etwas davon merken; ich aber war nicht wenig bestürzt über die Gefahr, in welcher er ohne mein Wissen und Gedenken geschwebt hatte. Indes bewahrte Goethe von diesem Tage an eine treue Dankbarkeit sowohl gegen seinen Retter, als gegen die Frau, die überhaupt in diesen Schreckenstagen sich mit großer Standhaftigkeit und Gewandtheit, ohnerachtet sie nicht Französisch sprach, zu nehmen wußte und trotz des furchtbaren Aufwandes an Lebensmitteln, den sowohl die Soldaten als der Marschall und seine verschwenderischen Köche verursachten, ihr Hauswesen doch so beisammenhielt, daß sie noch andern Bedürftigen aushelfen und ihren Schützlingen aus der Stadt etwas zuwenden konnte. Dieses Dankgefühl, dieses Anerkennen, daß er ihr in diesem Augenblick das Leben schuldig geworden war, war das Hauptmotiv, eine Handlung zu beschleunigen, die er bereits länger im Sinne habend, nur an den zur Ausführung schicklichen Moment knüpfte, wo sie als natürlich, sich von selbst verstehend, weniger befremdend und ohne Aufsehen zu erregen, sich vornehmen ließ.‹ (Riemer setzt nun auseinander, wie schwer Goethes Los gewesen wäre, wenn Napoleon seine Drohung, Weimar plündern und niederbrennen zu lassen, ausgeführt hätte.) ›In dieser traurigen Aussicht, ein ferneres Leben, wenn es noch gestattet sein sollte, als Bettler in der Fremde kümmerlich zu fristen, war ein innigeres Anschließen an eine erprobte treue Seele so natürlich, daß es keines andern Beweggrundes bedurfte und, im Fall einer günstigen Wendung des Geschicks, nicht mehr als eine gerechte Entschädigung für bisher empfundene Nachteile und Entbehrungen, die aus der öffentlichen Meinung erwachsen mögen. Nun war seine Vaterliebe nicht allein ihr, sondern auch ihrem Sohne, bei dessen Heranwachsen und bevorstehender Lebensbestimmung, eine öffentliche Anerkennung schuldig. Diese doppelten Beweggründe waren es, die Goethen gleich in den ersten Tagen der sich verlaufenden Kriegsflut und des erscheinenden Friedensbogens vermochten, das stille Gelübde seines Herzens durch eine förmliche, öffentliche Trauung zu sanktionieren. Alle Freunde und Verehrer Goethes billigten und belobten diesen längst erwarteten Schritt, und so war es denn der 19. Oktober, der erste Sonntag nach der Schlacht vom 14., wo Goethe mit seiner Gattin, seinem Sohne und mir, als Zeugen, des Morgens nach der Schloßkirche fuhr und in der Sakristei den Akt der Trauung vollziehen ließ. Der Oberkonsistorialrat Günther verrichtete die Zeremonie in angemessener Weise.‹

In einigen Punkten mag dieser zuverlässige Bericht ergänzt werden. Riemer sagt, daß Christiane in diesen Tagen sehr erschwerter Haushaltspflichten noch anderen Bedürftigen aushelfen konnte. Zu diesen gehörte ihr eigener Bruder, den wir noch einmal den ›Unglücklichen‹ zu nennen uns veranlaßt sehen. Er hatte am 14. Oktober sein Haus plündernden französischen Soldaten überlassen müssen, hatte seinen ganzen Hausrat eingebüßt ›vom Kamm bis zur Nadel, vom Zinn bis zur Schere... die Fässer mit dem Eingemachten, das Brennholz, alles, alles dahin‹. Nach einer fürchterlichen Nacht, die er, getrennt von den Seinen, im Park zugebracht hatte, war er vom 15. bis 17. mit Frau und Kind im Goethischen Haus aufgenommen worden. Dann wurde er – der Bibliothekar – in seine verödete Wohnung wieder eingesetzt, weil Napoleon Bücher aus der herzoglichen Bibliothek verlangte. Obgleich es an Geld und Lebensmitteln fehlte, mußte er alsbald wieder Einquartierung nehmen – bis zu zehn Mann an einem Tage! Die Schwester half noch hier und da, so schwer auch der eigene Haushalt zu tragen hatte. Von Plünderung war Goethe zwar verschont geblieben, weil die Generäle und Marschälle, die mit ihren Stäben bei ihm einquartiert waren, Sauvegarde stellten. Aber 2000 Reichstaler und zwölf Eimer Wein hatten diese Tage den Hausherrn gekostet. Zuweilen hatte er 28 Gastbetten in seinem Hause – so bezeugt uns Christian August –, und es bedarf keiner Erklärung, daß diese Last vor allem von Christiane getragen werden mußte.

empfing sie, als ob ich nicht wüßte, wer sie vorher gewesen wäre, ich denke, wenn Goethe ihr seinen Namen giebt, können wir ihr wohl eine Tasse Thee geben. Ich sah deutlich, wie sehr mein Bekenntnis ihn freute; es waren noch einige Damen bey mir, die erst formell und steif waren und hernach meinem Beyspiel folgten. Goethe blieb fast zwei Stunden und war so gesprächig und freundlich, wie man ihn seit Jahren nicht gesehen hat. Er hat sie noch zu niemand als zu mir in Person geführt. Als Fremden und Großstädterin traut er mir zu, daß ich die Frau so nehmen werde, als sie genommen werden muß; sie war in der Tat sehr verlegen, aber ich half ihr bald durch. In meiner Lage und bey dem Ansehen und der Liebe, die ich mir hier in kurzer Zeit erworben habe, kann ich ihr das gesellschaftliche Leben sehr erleichtern. Goethe wünscht es und hat Vertrauen zu mir, und ich werde es gewiß verdienen.‹

Ein Urteil über Christianens Benehmen nach der großen Standeserhöhung schalten wir hier um so lieber ein, als es von Karoline Jagemann stammt, die ihr nicht gerade freundlich gesinnt war: ›Man muß es ihr nachsagen, daß sie darum den Kopf nicht höher trug und ihre Gewohnheiten nicht veränderte; geistiger und poetischer wurde sie freilich auch nicht, nur daß die unbedeutenden Schauspieler und Schauspielerinnen ihr um so devoter den Hof machten.‹ Christiane nahm von nun ab ziemlich häufig an den Plauder- und Leseabenden bei Johanna Schopenhauer teil. Nicht bei ihrem ersten Erscheinen, aber in der ersten Zeit nach der Eheschließung sah sie der reisende Schriftsteller Georg Reinbeck in diesem Hause. Er erwähnte Christiane als eine Frau ›von noch vielem materiellen Reiz, an welcher man Gutmütigkeit und einen stets heiteren Sinn rühmte, wie dies mit Temperamenten der Art gewöhnlich verbunden ist.‹ Goethe legte Wert darauf, daß seine Frau auch bei Frau von Stein, Frau von Schiller, Frau von Wolzogen und anderen Höflichkeitsbesuche machte, die erwidert wurden oder Einladungen herbeiführten. Und so oft auch diese Damen Christiane mit verächtlichen Bemerkungen bedacht hatten, wagten sie es doch nicht, die gesellschaftliche Höflichkeitspflicht zu verletzen. Hätten sie es getan, so würden sie allerdings schmerzliche Erfahrungen gemacht haben, genau wie Bettina von Arnim, mit der Goethe für längere Zeit jeden Verkehr abbrach, weil sie Christianens Zorn herausgefordert hatte. (Wir kommen auf diesen Vorfall später noch zu sprechen.)

Es kam aber doch nur zu höflich-formalen Beziehungen zwischen dem Goethischen Ehepaar und der ›guten Societät‹ von Weimar. Bernhard Rudolf Abeken, der Hauslehrer von Schillers Söhnen, hatte den Eindruck, daß die sogenannte ›bessere Gesellschaft‹ sich von Christiane fernhalte und daß dies dem Gatten weh täte. An eine Einführung bei Hofe vollends war gar nicht zu denken. Als aber Goethes Schwager, Christianens mehrfach erwähnter Bruder, in widerwärtiger Weise verunglimpft wurde, sah sich Goethe zu leidenschaftlicher Abwehr aufgerufen. Es muß hier nachgeholt werden, daß Christian August Vulpius 1798 mit seinem Roman ›Rinaldo Rinaldini, der Räuberhauptmann‹ einen ganz großen Erfolg gehabt hatte. Wenn das Buch auch in der ersten wie in allen folgenden Auflagen anonym erschienen war, so kannten Eingeweihte doch den Verfasser. Ende des Jahres 1806 erschien in der ›Allgemeinen Zeitung‹ Cottas der Beitrag eines Weimarer oder Jenaer Mitarbeiters, der von den Schrecknissen sprach, die Christian August mit seiner Frau in der Nacht vom 14./15. Oktober durchlebt hatte, und die geschmacklose, hämische Frage daran knüpfte: welche literarischen Gebilde wohl die fruchtbare Phantasie des Rinaldo-Dichters aus diesen Erlebnissen hervortreiben würde? Es sei schon jetzt ein köstliches Vergnügen, die Erlebnisse romanhaft zugerichtet aus seinem Munde zu vernehmen. Dieser Artikel veranlaßte Goethe, einen langen, zornigen Brief an Cotta zu diktieren, in dem er die ›niederträchtige Art‹ solcher Äußerungen beklagte. ›Ist es die Zeit‹, so fragt er Cotta, ›einen Geplünderten als Autor anzugreifen? Wollen wir, mein Bester, die Kritik, die den Rinaldo Rinaldini verdammt, aufrufen?‹ Da der Artikelschreiber auch Goethes Trauung ›unter dem Kanonendonner der Schlacht‹ mit spöttischen Worten glossiert hatte, sah Goethe sich zu folgender Darlegung veranlaßt, die uns empfinden läßt, wie sehr er unter Engherzigkeit und Mißgunst seiner Mitbürger zu leiden hatte: ›Ich bin nicht vornehm genug, daß meine häuslichen Verhältnisse einen Zeitungsartikel verdienten; soll aber was davon erwähnt werden, so glaube ich, daß mein Vaterland mir schuldig ist, die Schritte, die ich thue, ernsthaft zu nehmen: denn ich habe ein ernstes Leben geführt und führ' es noch.‹ Goethe hat diesen Brief nicht abgeschickt, weil er fürchtete, daß er seine Beziehungen zu dem hochgeschätzten Cotta empfindlich stören könne; aber er hat diesem mitgeteilt, daß der Brief geschrieben sei, und hat ihn mit allgemeinen Wendungen ersucht, künftighin derartige Artikel in der ›Allgemeinen Zeitung‹ nicht erscheinen zu lassen.

Als Christiane in die Weimarer Gesellschaft eingeführt war und die Folgen der Niederlage nicht mehr so lebhaft empfunden wurden, rüstete sie zu einer Reise nach Frankfurt. Dort sollte sie sich als vollberechtigte Schwiegertochter der Frau Rat und ihrem Kreis von Verwandten und Bekannten präsentieren. Es war ein stolzer Augenblick, als sie im Reisewagen Platz nahm (zwei ›colossale‹ Pistolen griffbereit neben sich), und der Sohn, schön und stattlich zu Pferde, ihr das Geleit bis Erfurt gab. Die Abreise geschah am 23. März 1807, die Rückreise erfolgte am 12. April – der Aufenthalt in Frankfurt war diesmal nicht so knapp bemessen, er reichte eben hin, um sich wechselseitig kennenzulernen. Es geschah bei munterem Geplauder und in bester Verträglichkeit, wohin Christiane auch kam. Wir besitzen leider keine brieflichen Äußerungen von ihr über diese Reise, aber aus der ›Mutter‹ Briefen wissen wir, daß sie mit dem Erfolg sehr zufrieden sein durfte. In einem ›langen, wohlstilisierten‹ Schreiben vom 16. Mai, das an sie selbst gerichtet war, heißt es: ›... da ich aber nun das Vergnügen habe, Ihnen genauer zu kennen – durch die Kriegstrublen, die Sie so meisterhaft bestanden haben, in meinem Glauben an Ihnen gestärkt und befestigt; so haben meine Sorgen um alles, was in Ihrem Wirkungs-Kreise liegt – von oben bis ganz herunter ein Ende. Das alles hat die nähere Bekanntschaft mit Ihnen bewerkstelligt – Gott erhalte und seegne Ihnen vor alle Ihre Liebe und Treue.‹ Ein noch viel besseres Zeugnis schrieb ihr die Frau Rat in einem Brief an den Sohn – doch dieses sei aufgespart für den Augenblick, wo Themis ihre Waage erheben wird, um auf den zwei Schalen die Stimmen für und gegen Goethes kleine Frau abzuwiegen. – Christiane ahnte nicht, daß sie schon eineinhalb Jahre später – am 1. Oktober 1808 – wieder nach Frankfurt reisen würde – diesmal nicht, um die ›wohlgeneigte Feundin‹ zu besuchen, sondern um das Erbe anzutreten und zu verteilen, das die inzwischen Verstorbene hinterlassen hatte. Christiane reiste diesmal in Begleitung von Caroline Ulrich, ihrer neuen Gesellschafterin, die ihr sehr lieb war und beinahe unentbehrlich wurde. (Goethe schäkerte gern – halb verliebt, halb väterlich – mit der munteren, hübschen ›Uli‹, dem ›kleinen Secretarius‹.) Christiane durfte wiederum sehr befriedigt sein vom Erfolg ihrer Sendung nach Frankfurt, auf der sie nach Goethes Worten ›eigensinnig‹ bestanden hatte. Auch diesmal erntete sie ein Lob, das wir für die abschließende Beurteilung aufsparen wollen. Der mütterliche Wunsch, ihren August wiederzusehen, mag Christiane veranlaßt haben, auf der Reise zu bestehen. Am 4. April 1808 hatte sie sich zum erstenmal für längere Zeit von dem Sohne trennen müssen: Er war als Student ausgezogen zur Universität nach Heidelberg. Jetzt kam er nach Frankfurt, sah die Mutter wieder und mußte sich gleich von ihr pflegen lassen, da er an Ruhr erkrankt und noch nicht ganz wiederhergestellt war. Als Christiane ihre Angelegenheiten in Frankfurt erledigt hatte, besuchte sie August auch in Heidelberg. Bei ihrer Rückkehr nach Weimar fand sie ihren ›Geheimrat‹ besternt und bebändert vor: Die weltbeherrschenden Kaiser von Frankreich und Rußland hatten ihn gelegentlich des Erfurter Kongresses mit höchsten Orden ausgezeichnet – aber viel schwerer wog, daß Napoleon sich ›auf die gnädigste Weise‹ lange mit ihm unterhalten hatte. Die berühmt gewordene Feststellung ›Voila un homme‹, mit der Napoleon das Gespräch begonnen hatte, erfüllte Goethe mit stolzer Genugtuung.

In diesen Jahren – 1807, 1808, 1810 – unternahmen die Ehegatten ihre Sommerreisen getrennt. Goethe fuhr mit Riemer nach Karlsbad, wo ihn August 1807 abholen durfte. Christiane ging mit Caroline Ulrich nach Lauchstädt, teils um die Kur zu gebrauchen, die nach ihrer Überzeugung durch ausdauerndes, tägliches Tanzen besser vollendet wurde als durch alle Medizin – besonders aber, um über die Weimarer Schauspieler, ihre persönlichen Angelegenheiten und künstlerischen Erfolge zu wachen. Wiederholt hat Goethe gerade in diesen Jahren versichert, wie großen Wert er auf Christianens beschwichtigende, ausgleichende Einwirkung lege. Die Lauchstädter Badevergnügungen scheinen zeitweise ihren großen Reiz für Christiane eingebüßt zu haben. 1808 heißt es in einem Briefe Goethes an August: ›Die Mutter war in Lauchstädt nicht ganz zufrieden. Freilich gegen sonstige Jahre mag es still gewesen sein. Die Leipziger kamen wohl zum Schauspiel, fuhren aber gleich wieder fort. Die Einnahmen waren auch nicht wie sonst, doch muß man jetzt mit allem zufrieden sein und sich nur zu erhalten suchen.‹ Als Christiane zur Erbschaftsteilung in Frankfurt war, legte Goethe ihr nahe, ›ein klein Quartier, auf der Bockenheimer Gasse, oder unter der Allee‹ zu mieten und zu meublieren. ›Du hättest‹, so meint er, ›einen angenehmen Aufenthalt eine Zeit des Jahres, wir wären eine Zeitlang zusammen. Denn für mich wird Karlsbad, für Dich Lauchstädt am Ende doch auch nicht erfreulich.‹ Es scheint sich hier um vorübergehende Enttäuschungen oder Verstimmungen gehandelt zu haben, über die wir Sicheres nicht aussagen können, weil uns die Briefe Christianens aus dieser Zeit fehlen. Der Plan, einen Teil des Jahres in Frankfurt zu verleben, ist nicht wieder aufgetaucht.

Goethe blieb den böhmischen Bädern treu, gab aber zeitweise Teplitz den Vorzug vor Karlsbad. Da er sich ganz heimisch in der dortigen Gegend fühlte, regte sich der Wunsch, seine Frau für einen Teil des Badeaufenthaltes kommen zu lassen, damit sie Land und Leute kennenlerne und eine wirksamere Kur gebrauchen könne, als Lauchstädt sie bot. Ihr gesundheitlicher Zustand scheint kräftigere Kurmittel seit 1810 etwa nahegelegt zu haben. Am 12. Mai 1811 fuhr Goethe als Quartiermacher nach Karlsbad voraus, Christiane im eigenen Reisewagen und Caroline Ulrich folgten ihm am 29. Als Geheimrätin von Goethe durfte sie nun teilnehmen an dem gesellschaftlichen Leben des Weltbades, und sie fand sich, wie es scheint, mit erstaunlicher Selbstverständlichkeit hinein. Die kurländische Gräfin von der Recke, die sie schon aus dem Schopenhauerkreise in Weimar kannte, leistete ihr dabei freundliche Dienste. Zunächst ging sie an Goethes Arm die ›gewöhnlichen Promenaden‹ durch, dann besuchte sie die ›näheren sowohl als auch die entfernten Landorte‹ unter seiner Führung. Der Reiz der Umgegend ›ergetzte‹ dabei Goethe aufs neue, weil er sie mit ›frischen Personen‹ durchwandern konnte, ›die über gar manches in ein billiges Erstaunen gerieten und sich sehr wohl gefielen‹. Goethe beendete seinen Karlsbader Aufenthalt am 28. Juni, Christiane mit ihrer Gesellschafterin blieb noch 14 Tage länger und genoß nun alle gesellschaftlichen Freuden mit der schrankenlosen Hingabe, die ihrer Natur eigentümlich war. Aus einem Brieftagebuch, das sie mit ihrem ›Secretarius‹ aufsetzte, kennen wir ihren Umgang und Zeitvertreib sehr genau. ›Brillante Bälle‹ spielen natürlich die Hauptrolle, und nicht nur Caroline mag dabei ›Schuh und Strümpfe‹ durchgetanzt haben. Die Prinzessinnen, Grafen, Barone übergehend, mit denen Christiane promenierte, spazierenfuhr, speiste und Besuche wechselte, gedenken wir nur der Begegnung mit Sulpiz Boisserée und mit Christian Gottfried Körner, der seinen Sohn Theodor mitgebracht hatte. Von den gesellschaftlichen Unterhaltungen seien nur die

Konzerte Himmels hervorgehoben,. der ›himmlisch‹ spielte. Die Kur scheint sehr in den Hintergrund getreten zu sein, nachdem es Christiane vom Trinken so übel geworden war, daß Boisserée sie von der Promenade nach Hause bringen mußte. Goethe jedenfalls hatte den Eindruck, daß sie zuwenig kurgemäß gelebt habe. Als er 1812 wieder nach Karlsbad gereist war, hatte er nichts dagegen, daß Christiane und Caroline ihm folgten, aber er machte zur Bedingung, daß sie auf allen ›Saus und Braus des vorigen Jahres‹ verzichteten – in fünf Wochen, meinte er, würden sie das ›Hauptgeschäft abthun und Ende Juli erquickt und froh nach Hause zurückkehren‹ können. Am Rande sei erwähnt, daß Christiane dringlich ermahnt wurde, ein Fläschchen Kartoffelsyrup und Kartoffelzucker nicht zu vergessen, auf den Goethe einen Postmeister und interessierte Badegäste aufmerksam gemacht hatte. Über die Erzeugung von Zucker aus Kartoffelstärke hatte Goethe damals mit dem Jenenser Chemiker Döbereiner eifrig verhandelt. Bekanntlich war der Zucker durch die Kontinentalsperre Napoleons damals rar geworden, so daß man eifrig nach einem Ersatz für den Rohrzucker der überseeischen Länder suchte. Daß die Mutter glücklich angekommen sei und ihr die Kur sehr wohl bekomme, teilte Goethe Ende Juli seinem Sohne mit. Die heilsamen Wasser konnten jedoch nicht verhindern, daß die Magenkrämpfe, über die Christiane in diesen Jahren ab und zu klagte, sich auch in Karlsbad einstellten. Goethe war inzwischen für vier Wochen nach Teplitz übergesiedelt.

Als das Jahr 1812 zu Ende ging, streifte die Zeitgeschichte das Haus Goethes mit einem Gruß ihres gewaltigen Vollstreckers Napoleon. Von dem verhängnisvollen russischen Feldzug zurückkehrend, fuhr Napoleon ohne Aufenthalt durch Weimar und erkundigte sich nach Goethes Befinden. Herr von Wolbock erschien in dessen Hause, die Durchreise ›notificirend‹. Abends aber setzte sich Goethe mit den Frauenzimmern zu Tisch und spielte ›Rabusche‹. Welch ein Gegensatz: die rasende Bewegung des Handelnden, Tag und Nacht verschlingend, und der beschauliche Abend des weltbetrachtenden Dichters! Im nächsten Jahre schon (1813) wurde Weimar von den kriegerischen Ereignissen berührt: Am 18. April kam es am Ettersberg, am Kegeltor und selbst in den Straßen der Stadt zu einem heftigen Gefecht zwischen dem Blücherschen Korps und der französischen Avantgarde des Marschalls Ney. Christiane, ohne unmittelbar betroffen zu werden, durchlitt Schrecken und Angst, während Goethe im fernen Teplitz weilte und sorglich an die Daheimgebliebenen dachte.

Die Kriegsvölker der verbündeten Mächte waren durch Weimar dahingezogen – sie hatten viel Last, manches Ungemach und hier und da eine Aufheiterung mit sich gebracht –, nun lächelte die Sonne des Friedens wieder, noch etwas zaghaft, da der Kriegsschrecken sich seit Jahrzehnten allzuoft erneut hatte. Für die Feier des Friedens hatte Goethe 1814 auftragsgemäß ein Festspiel zu schreiben. Es mußte schnell geschehen, und so brauchte er Muße, Befreiung von anderen Aufgaben. So strenge aber war das Geschäft nicht, daß er sich wie ein Eremit hätte absondern müssen: Die halbe Zurückgezogenheit nach Berka, dem mit seiner Hilfe neugegründeten, ländlich-bescheidenen Schwefelbad, war gerade das Richtige, um die wunderliche Schau des begünstigten Schläfers Epimenides in Verse zu kleiden. Christiane und Caroline Ulrich – die bald darauf Riemers Braut wurde – durften Goethe begleiten. Man wohnte im ›Edelhof‹, man war wirklich einmal sechs Wochen außerhalb Weimars behaglich zusammen – Goethe dichtete fleißig, aber das muntere Treiben der ›lieben und lustigen Frauen‹ um ihn herum empfand er nicht als störend, sondern freute sich seiner. Christiane blieb einige Zeit länger in Berka – dafür aber reiste Goethe Ende Juli zu ›des Rheins gestreckten Hügeln, / Hochgesegneten Gebreiten‹, in das Land seiner Jugend also, das er nun siebzehn Jahre lang nicht wieder gesehen hatte. Sein Herz schlug erregt und erwartungsvoll, ein frischer Quell von Liedern drängte empor. Auf dieser Reise – und auf der nächstjährigen mit dem gleichen Ziel – sollte Hatem-Goethe noch einmal ›Frühlingshauch und Sommerbrand‹ verspüren – das scheint er in dunkler Unbewußtheit schon gleich nach dem Aufbruch geahnt zu haben. Daß jedoch ein ›Ätna‹ in ihm ›rasen‹ würde – die Glut seiner Liebe zu Marianne von Willemer –, das konnte er beim Abschiednehmen noch nicht wissen.

Wir unterbrechen an dieser Stelle unsere fortlaufende Erzählung, um zunächst nachholend zu berichten, daß schon 1808 Goethe einmal ›mehr als billig‹ geliebt hatte – außerhalb der Ehebindung, die er eingegangen war. Damals war es Minchen Herzlieb, die kindhaft-rührende, liebliche Pflegetochter des Buchhändlers Frommann in Jena, die ihn absichtslos bezaubert hatte. Wurde Goethe seiner Gattenliebe untreu, indem er sich diesem Zauber hingab? Brach er die Ehe, als sein Herz, seine Sinne für Marianne von Willemer erglühten? Viele Goethebiographen, die diesc Frage gestellt und halb bejaht haben, fügen entschuldigend hinzu: An ein Genie wie Goethe müsse man einen anderen Maßstab anlegen als an den braven Durchschnittsbürger – man müsse ihm ein größeres Maß von Bewegungsfreiheit zugestehen. Wir finden solche Wendungen ziemlich lau, verlegen und schief. Wir versuchen uns so auszudrücken: Es hieße Goethe sein herrlichstes Daseinsrecht, die unerläßliche, einzigartige Voraussetzung seines Dichtertums absprechen, wollte man sein gesteigertes Entzücken an dieser oder jener Frauengestalt moralisch verurteilen. Es ist nicht so, daß man einem ›Genie‹ das moralische Leitseil ein wenig länger zumessen kann – es handelt sich darum, die ganz besonderen Bedingungen zu erkennen, unter denen ein alles überragender Baum gedeiht, und diese Bedingungen ohne Erörterung zu billigen, wenn man Früchte von diesem Baum ernten will. Daß Eros' Macht für Goethe die einzige Quelle nicht nur seiner Lyrik, sondern all seiner schöpferischen Kräfte war – das hat er in der Marienbader Elegie mit erschütternden Worten ausgesprochen. Daß er die Frau göttlich pries, daß er in unzähligen Abwandlungen, in tausendfacher Spiegelung immer die gleiche Offenbarung der Gottheit fromm verehrte, auch das ist in dieser Elegie gesagt, und es ist ebenso mit dem Blick auf Marianne von Willemer bekannt: ›In tausend Formen magst du dich verstecken, / Doch, Allerliebste, gleich erkenn' ich dich; / Du magst mit Zauberschleiern dich bedecken, / Allgegenwärt'ge, gleich erkenn' ich dich ... Was ich mit äußerm Sinn, mit innerm kenne / Du Allbelehrende, kenn' ich durch dich. / Und wenn ich Allahs Namenhundert nenne, / Mit jedem klingt ein Name nach für dich.‹ Der unvergleichliche Reiz, der von Goethes Frauengestalten ausgeht, beruht auf der Mannigfaltigkeit der Erscheinungen sowohl wie auf der Einheit des anschauenden Entzückens. Alle Frauen, die er geliebt hat, waren für ihn verwandt wie Schwestern: In jeder erkannte er Züge der einen Frau, die er als mater gloriosa auf den Himmelsthron erhob und die er zu besingen nicht müde wurde. In diesem Sinne scheuen wir uns nicht, das Paradoxon auszusprechen, daß Goethe, der so viele Frauen geliebt hat, doch der treueste aller Liebenden war. – Nach diesen grundsätzlichen Ausführungen, die dem und jenem überschwenglich vorkommen mögen (oder rabulistisch verteidigend), kehren wir wieder auf ›den Boden der Tatsachen‹ zurück. Im geselligen Kreise lernte Goethe 1807 Minna Herzlieb schätzen: ein liebreizendes Mädchen, das mit Bewunderung zu ihm aufschaute, seelisch zart und schutzbedürftig. – 1814 offenbarte sich ihm der ganze Reiz Marianne Jungs (Willemers): ihre frauliche Wärme, ihr lebhaftes Empfinden, ihre geistige Aufgeschlossenheit und ihr wunderbares Einfühlungsvermögen, ihre hohe künstlerische Begabung. Hier war eine Frau, mit der er sich die leidenschaftlichen Gefühle, die anmutigen Einfälle zuwerfen konnte wie einen Ball – noch nie war er einer solchen begegnet. Minchen Herzlieb und Marianne Jung waren einander so unähnlich wie nur möglich, und beide besaßen sie Reize und Vorzüge, die an Christiane nicht zu finden waren – hätte Goethe seine entzückten Augen abwenden, sein geöffnetes Herz zusammenkrampfen sollen? Wir wären um vieles ärmer geblieben! – Zu einem Ehebruch im ›gemeinen‹ Sinne des Wortes ließ sich Goethe in beiden Fällen nicht hinreißen. Das geistig-sinnliche Verlangen aber, die in ihrer Schönheit erkannten Frauen zu besitzen, war zeitweise stärker, als sein Gewissen gutheißen konnte. Das Geständnis, er habe Minchen Herzlieb ›mehr als billig‹ geliebt, stammt aus seinem eigenen Munde – und es findet sich als beiläufige Mitteilung in einem Briefe an Christiane. Eine noble Offenheit zeigt sich hier, ein ehrendes Vertrauen, wie es selten sein dürfte zwischen Eheleuten, die einander nicht ganz entsprechen. Es kam weder 1807 noch 1814/15, als die Leidenschaft Goethe tiefer aufwühlte, zu einem Bruch – es kam zu keinem bösen Wort, zu keinem Vorwurf, kaum zu einer Vernachlässigung des Briefwechsels. Wüßten wir nicht, daß Goethe in diesen Jahren andere Frauen geliebt hat, der Ton seiner Briefe an Christiane gäbe uns keinen Anhaltspunkt dafür. Nur weil wir's wissen, können wir feststellen, daß er zeitweise seltener schrieb und daß er – vielleicht aus schlechtem Gewissen! – sie besonders häufig mit Reisegeschenken bedachte und ihr zurief, sie möge die Badevergnügungen genießen – in der Gesellschaft alter und neuer ›Äugelchen‹. Die Briefe der Frau – und das ist erstaunlicher – enthalten ebensowenig Vorwürfe, Bitterkeiten, Äußerungen des Argwohns – nur einmal verspüren wir den Stachel der Eifersucht, der ihr das Herz verwundete, wenn sie den Gatten in Karlsbad wußte, umschwärmt von hochgebildeten, schönen, geistreichen Frauen. Ohne ein bestimmtes Ziel für ihre Eifersucht finden zu können, spricht sie in ihrem Briefe vom 24. Mai 1810 diese drollige und mehr noch rührende Bitte aus: ›Ist denn die Bettine in Karlsbad angekommen und die Frau v. Eybenberg? Und hier sagt man, die Silvie und Gottern gingen auch hin. Was willst Du denn mit allen Äuglichen anfangen? Das wird zu viel. Vergiß nur nicht ganz Dein ältstes, mich, ich bitte Dich, denke doch auch zuweilen an mich. Ich will indeß fest auf Dich vertrauen, man mag sagen, was man will. Denn Du bist es doch allein, der meiner gedenkt.‹

Wer Goethes Stellung zum Eheproblem kennenlernen will, studiere die ›Wahlverwandtschaften‹. Dieser Roman ist keine Dichterbeichte wie ›Faust‹ und ›Clavigo‹, wenn auch persönliches Erleben – Liebe zu Minchen Herzlieb? Zu Silvie von Ziegesar? Schuldgefühl? Entsagung? – dabei mitgewirkt haben mögen. Die ›Wahlverwandtschaften‹ sind aus aufmerksamer Beobachtung des gesellschaftlichen Lebens und langem Nachsinnen darüber hervorgegangen und behandeln mit sehr bewußter Kunst die Frage, ob die Naturgewalt der Liebe zweier Menschen, die anlagemäßig füreinander bestimmt sind, eine Ehe trennen darf, die zuvor schon einer der Liebenden ›irrtümlich‹ eingegangen war. Die Antwort erteilt der Roman auf zweifache Weise: einmal durch den ›Sühnetod‹, den sich Ottilie auferlegt, nachdem sie sich eine Zeitlang triebhaft-bewußtlos der Liebe zu dem verheirateten Manne hingegeben hat, dann aber schlagartig zu der Erkenntnis gekommen ist, daß sie außerhalb der von ihr anerkannten und trotzdem übertretenen Ordnung nicht leben kann. Die andere Antwort erteilt Mittler – eine Figur des Romans – in einer gewaltigen Rede, die die Unauflöslichkeit der Ehe scharf und bedingungslos fordert. Sie sei hier wörtlich mitgeteilt: ›Wer mir den Ehestand angreift, wer mir durch Wort, ja durch That, diesen Grund aller sittlichen Gesellschaft untergräbt, der hat es mit mir zu thun; oder wenn ich sein nicht Herr werden kann, habe ich nichts mit ihm zu thun. Die Ehe ist der Anfang und der Gipfel aller Kultur. Sie macht den Rohen mild, und der Gebildetste hat keine bessere Gelegenheit, seine Milde zu beweisen. Unauflöslich muß sie sein; denn sie bringt so vieles Glück, daß alles einzelne Unglück dagegen gar nicht zu rechnen ist. Und was will man vom Unglück reden? Ungeduld ist es, die den Menschen von Zeit zu Zeit anfällt, und dann beliebt er sich unglücklich zu finden. Lasse man den Augenblick vorübergehen, und man wird sich glücklich preisen, daß ein so lange Bestandenes noch besteht. Sich zu trennen, gibts gar keinen hinlänglichen Grund. Der menschliche Zustand ist so hoch in Leiden und Freuden gesetzt, daß gar nicht berechnet werden kann, was ein Paar Gatten einander schuldig werden. Es ist eine unendliche Schuld, die nur durch die Ewigkeit abgetragen werden kann. Unbequem mag es manchmal sein, das glaub ich wohl, und das ist eben recht. Sind wir nicht auch mit dem Gewissen verheirathet, das wir oft gerne los sein möchten, weil es unbequemer ist, als uns je ein Mann oder eine Frau werden könnte?‹ Man beachte wohl: Nicht die unwandelbare eheliche Liebe, nicht die ewige Harmonie der Ehe wird hier gefordert, sondern die Dauerhaftigkeit um der Ordnung willen, aus Dankbarkeit und sittlicher Treupflicht. Dieses Gesetz, aus dem Herzlieb-Erlebnis hervorgehend, hat Goethe hoch vor sich aufgerichtet, und man muß sagen, daß er es mit großer Lebenskunst erfüllt hat. Marianne von Willemer war eine starke Versuchung für ihn, aber er riß sich los und bewahrte sich eben noch vor einer Gefahr, welche die Bedingungen seines Daseins und Wirkens bedroht hätte. Für 1816 war eine Reise nach Baden und ein Wiedersehen mit Marianne geplant – Goethe trat die Fahrt auch an, als aber bald hinter Weimar sein Wagen umstürzte, gab er die Reise auf. Nicht der Sturz war der zwingende Grund, sondern – höchstwahrscheinlich – die Furcht vor dem Wiederaufflammen der Leidenschaft. Goethe-Hatem hat seine Suleika nicht wieder gesehen.

Wir nehmen hier die Lebensgeschichte Christianens wieder auf, jedoch nur, um ihrem schmerzlichen Ende schnell zuzueilen. Seit 1808 zeigt sich Goethe in seinen Briefen besorgt um ihre Gesundheit und läßt von dem Karlsbader Badearzt Dr. Kapp ein Gesundheitsgutachten anfertigen, das er Christiane zusendet, damit sie sich danach verhalte. Es spricht von Schlaffheit des Darmkanals und Schlaffheit der Blutgefäße des Unterleibs. Christiane klagt häufiger über Krankheitsanfälle. Am 5. Juli 1810 spricht sie von einem bösen Magenkrampf, den man nicht leicht nehmen dürfe, denn die arme Teller sei an einem solchen gestorben. Freilich sei sie nicht ganz so schwach wie diese! Je mehr sie Bewegung habe, versichert sie wiederholt, desto besser befinde sie sich. Die Ärzte hätten ihr versichert, sie sei vor lauter Gesundheit krank, sie habe zuviel Blut. Zu Beginn des Jahres 1815 kündigte ein strenger Vorbote ihr tödliches Leiden an. Offenbar erlitt sie einen Schlaganfall. Goethe spricht in einem Briefe an den Minister von Voigt von einem Doppelunfall, dessen Nachempfindung ihm noch tagelang in allen Gliedern lag. Am 1. März vermerkt das Tagebuch, daß Christiane zur Ader gelassen wurde, am Tage darauf fuhr sie in Begleitung von Madame Kirsch – ihrer neuen Gesellschafterin, seitdem Caroline Ulrich geheiratet hatte – nach Jena. Dort blieb sie in ärztlicher Behandlung (Kieser und Stark) bis zum 13. März. Der Schrecken, den Goethe erlitten, zittert noch in einem Briefe vom 3. April an Willemer nach: ›Ich habe viel gelitten, meine gute Frau war zwei Querfinger vom Tode. Jetzt ist sie wieder auf den Beinen.‹ Zur besseren Wiederherstellung ihrer Gesundheit reiste Christiane am 4. Juni für einige Wochen nach Karlsbad. In ihrer Abwesenheit erfolgte Augusts Erhebung zum Kammerjunker – er war schon 1809 aus Heidelberg zurückgekommen, hatte sein Studium in Jena weitergeführt und war 1810 zum Kammerassessor ernannt worden. Am 3. September 1815 – zum Geburtstag des Großherzogs – hätte sie den Sohn in der neuen prächtigen Hofuniform sehen können, aber sie zog es vor, den Herbsttag in Berka ›doppelt schön zu genießen‹. Sie hatte das Badestädtchen recht lieb gewonnen, seitdem sie 1814 dort geweilt und die Herzen seiner Einwohner durch Freundlichkeit erobert hatte. Am 18. Mai 1816 konnte Christiane dem in Jena weilenden Gatten zum letztenmal versichern, daß sie sich ›leidlich wohl‹ befinde. ›Ich benutze‹, schreibt sie, ›jeden Sonnenblick, um in freie Luft zu kommen, die mir so wohl thut.‹ Und dann schildert sie den Garten hinter dem Hause – sicher mit stilistischer Nachhilfe des Sekretärs Kräuter –, aber die freudige Empfindung, die Dankbarkeit für das blühende Stück Erde, dem sie so viel Liebe zugewandt hat – das ist ganz ihr Eigentum: ›Dein Garten steht gegenwärtig in seiner größten Pracht, und es macht wirklich verdrüßlich, daß die üble Witterung so wenig im Freien zu sein erlaubt. Die Äpfelbäume blühen in höchster Fülle, es steht Blüthe an Blüthe, die Rabatten vor Deinen Fenstern schmücken die schönsten gefüllten Tulipanen, deren schöne Farben die stolzen Kaiserkronen verdunkeln, und trotz der geringen Wärme und den kühlen Nächten reift doch alles der Vollkommenheit entgegen. Möge Dich die schöne Blüthe in Jena für diese Entbehrung reichlichst entschädigen.‹ Gleich nachdem Christiane diesen Brief geschrieben hatte, erlitt sie einen (Schlag?) Anfall ähnlich dem von 1815. Aber noch einmal war ihr ein Aufatmen und erneutes Hoffen vergönnt. Am 22. Mai versicherte sie in ihrem letzten Briefe an den ›Lieben Geheimerath‹, alle ihre Sinne seien ›frei und heiter‹, nirgends sei mehr ›ein Druck oder eine betäubende Schwere zu bemerken‹.

Genau eine Woche später trat der Tod als Würger an ihr Lager, und alle freundlichen, tröstlichen Geister wichen von der lebensfrohen Frau. Goethe eilte von Jena herbei. ›Gefährlicher Zustand meiner Frau‹, vermerkt das Tagebuch am 29. Mai, dem wir nunmehr folgen wollen bis zum Ende. Am 30. ist eingetragen: ›Meine Frau wieder außer Bett‹, aber schon am 31. wird ein gefährlicher Rückfall vermerkt. Am 2. Juni heißt es: ›Verschlimmerter Zustand meiner Frau.‹ Am 3.: ›Frau v. Heygendorf bey meiner Frau, die noch immer in der größten Gefahr.‹ Am 4. mußte sich Goethe wegen eines plötzlichen heftigen Fieberanfalles selbst zu Bett legen. Am 5. Juni berichtet das Tagebuch: ›Den ganzen Tag im Bett zugebracht. Meine Frau in äußerster Gefahr. Die Köchin und Minchen (die ebenfalls erkrankt waren) leidlich. Mein Sohn Helfer, Ratgeber, ja einziger haltbarer Punct in dieser Verwirrung.‹ Am 6. Juni lesen wir dann: ›Nahes Ende meiner Frau. Letzter fürchterlicher Kampf ihrer Natur. Sie verschied gegen Mittag. Leere und Totenstille in und außer mir...‹ Die tödliche Krankheit, die Christiane ein paar Tage nach Vollendung ihres 51. Lebensjahres dahinraffte, hält der Psychiater Möbius, der sich am gründlichsten mit ihrem Gesundheitszustand und ihrer Lebensweise beschäftigt hat, für epileptische Anfälle, die auf Urämie beruhten, das heißt auf einer Vergiftung des Blutes durch Versagen der Nierentätigkeit. Die sogenannte Alkohol-Epilepsie hält er für weniger wahrscheinlich. Wie dem auch sei – wenn Christiane ihr Leiden durch unmäßige Lebensweise verschuldet oder verschlimmert haben sollte, so hat sie durch ein qualvolles Sterben dafür gebüßt. Den ausführlichsten Bericht über ihre letzten Tage finden wir in einem Briefe der Frau Schopenhauer an Elisa von der Recke vom 25. Juni 1816. Sicher hat die lebhafte Briefschreiberin das, was sie von anderen gehört hatte, in ihrer Vorstellung übertrieben – aber im ganzen dürfte ihr Bericht zutreffend sein. ›Der Tod der armen Goethe‹, lesen wir da, ›ist der furchtbarste, den ich je nennen hörte. Allein, unter den Händen fühlloser Krankenwärterinnen, ist sie, fast ohne Pflege, gestorben; keine freundliche Hand hat ihr die Augen zugedrückt, ihr eigener Sohn ist nicht zu bewegen gewesen, zu ihr zu gehn, auch Goethe selbst wagte es nicht. Die entsetzlichen Krämpfe, in denen sie acht Tage lang lag, waren so furchtbar anzusehen, daß ihre weibliche Bedienung, die zu Anfang um sie war, auch davon ergriffen ward und fortgeschafft werden mußte. Dies verbreitete allgemeinen Schrecken, und niemand wagte, sich ihr zu nähern, man überließ sie fremden Weibern, reden konnte sie nicht, sie hatte sich die Zunge durchgebissen, ich mag das Schreckensbild nicht weiter ausmalen, aber herzlich dankte ich Gott, da ich hörte, ihr Leiden wäre geendigt. Ihre Unmäßigkeit in allen Genüssen, zu einer sehr bösen Periode für unser Geschlecht, hatte ihr das fürchterlichste aller Übel, die fallende Sucht, zugezogen. Aber eben diese Unmäßigkeit war vielleicht nur eine Folge ihrer auffallend starken, heftigen Natur und ihrer körperlichen Beschaffenheit. Auf allen Fall hat sie die kurze Freude furchtbar gebüßt, und es kränkt mich, daß niemand mit Mitleid ihres Todes gedenkt, daß alles das viele Gute, welches doch in ihr lag, vergessen ist und nur ihre Fehler erwähnt werden, selbst von denen, welchen sie wohl tat und die ihr im Leben auf alle Weise schmeichelten.‹

Johanna Schopenhauers affektbetonter Briefbericht hat mir, seit ich ihn kenne, einen schlimmen Eindruck von der Vernachlässigung und Verlassenheit Christianens auf ihrem Sterbelager hinterlassen. Und so mag es wohl jedem gehen, der nur diesen Bericht kennt! Darum freue ich mich, hier ein Dokument vorlegen zu können, das bisher unbekannt geblieben ist und die Vorstellung von dem Zustand um die sterbende Christiane zurechtrücken kann. Hans Wahl war so freundlich, mich darauf aufmerksam zu machen. Es sind Kondolenzlisten, die im Goethehause aufgelegt wurden, als Christianens tödliche Erkrankung bekannt geworden war und sich viele Besucher höflich teilnehmend einstellten. Die Listen, über die ein kurzes ›Bulletin‹ gesetzt ist, sind von Goethes Sekretär Kräuter angelegt; die Besucher haben sich meistens einschreiben lassen; nur beim Herrn von Tompson, Geh. Rat von Einsiedel und Kanzler von Müller ist jedesmal ausdrücklich vermerkt, daß sie ›in Person‹ erschienen seien. Das ›Bulletin‹ des 5. Juni lautet: ›Die Frau Geheimeräthin befindet sich noch in demselben gefährlichen Zustande, ja noch matter als bisher. (Absatz.) Der Herr Staatsminister, gestern Abend von einem heftigen Fieber befallen, hat diese Nacht wohl geschlafen, und gut transpirirt. Dieselben sind hoffentlich bald wieder hergestellt.‹ – Es folgen 24 Namen, unter anderen der Minister von Voigt und Frau, die Geh. Kammerräte Büttner, Rühlmann, Riedel und Stichling mit ihren Frauen, die Frau Oberstallmeisterin von Stein, der Hofschauspieler Oels, der Minister von Fritsch, Madame Schopenhauer und Legationsrat Bertuch. – Der Bericht des 6. Juni lautet: ›Die Frau Geheimeräthin liegt noch immer äußerst schwach, besinnungslos, von fürchterlichen Krämpfen gefoltert darnieder, wahrscheinlich ist ihre Auflösung nicht mehr fern. (Absatz.) Der Hr. Staats-Minister hat diese Nacht wohl geschlafen, der Kopf ist frey und leicht, wird aber dem ohngeachtet noch heute das Bett nicht verlassen.‹ Es folgen wieder 20 Namen, von denen wir diejenigen des Ministers von Voigt, der Fr. von Stein und der Frau Schopenhauer schon kennen; sie haben sich auch am 7. und 8. wieder einschreiben lassen. – Am 7. lautet die Benachrichtigung: ›Gestern in der Mittagsstunde erschien der schmerzlich entscheidende Augenblick, der dem Leben der Frau Geheimeräthin von Goethe ein Ziel setzte. Die hierdurch erregte Bestürzung und daraus erfolgte Gemüthsbewegung verstattet nicht, die Höchst Verehrlichen und dankbarlichst anzuerkennenden Beyleidsbezeigungen persönlich zu erwidern, welches bessern Zeiten vorbehalten bleiben möge.‹ – Wer Goethe nicht kennt, wird es gefühllos finden, daß er seiner Frau in ihrem Todeskampfe nicht den Trost seiner Anwesenheit gewährte – wer ihn kennt, weiß, daß er nicht durch einen Mangel, sondern durch ein Übermaß der Empfindung ferngehalten wurde. Sein furchtbarer Abscheu vor allem, was mit Tod und Krankheit, mit Entartung und körperlichem Verfall zusammenhing, nahm zu, je älter er wurde. Den grauenhaften Todeskampf der Frau, die fast 28 Jahre seinen Lebensweg begleitet hatte, konnte er nicht mit ansehen, ohne eine lang nachwirkende seelische Schädigung fürchten zu müssen. Er hat auch ihrer Bestattung nicht beigewohnt – wie er schon lange keinen Menschen, keinen Freund mehr an die Stätte der Verwesung begleitet hatte. – Christiane ward am 8. Juni, früh vier Uhr ›standesmäßig vom Leichenhause, und zwar mit Gesang des Chores mit der Ganzen Schule erster Classe beerdigt, der gewöhnliche Leichen-Sermon aber Nachmittags 3 Uhr von dem Herrn General-Superintendenten Vogt in der Stadtkirche gehalten.‹

Goethes Schmerz um die Dahingeschiedene war tief – das ist nicht zu bezweifeln. ›Ich kann weiter keinen Gewinn des Lebens haben, als ihren Verlust zu bedauern‹, schrieb er nieder, als er wußte, daß die Gefährtin für immer von ihm gegangen war. Dann formte er diese Worte zu Versen und widmete sie in der Sammlung seiner Gedichte dem Andenken Christianens:

Du versuchst, o Sonne, vergebens,
Durch die düstren Wolken zu scheinen!
Der ganze Gewinn meines Lebens
Ist, ihren Verlust zu beweinen.

Seinem nächsten Freunde Zelter teilte Goethe das Ableben seiner Frau durch folgende bezeichnende Worte mit: ›Wenn ich dir, derber, geprüfter Erdensohn, vermelde, daß meine liebe, kleine Frau uns in diesen Tagen verlassen; so weißt Du, was es heißen will.‹ Und an Sulpiz Boisserée schrieb er am 24. Juni: ›Leugnen will ich Ihnen nicht, und warum sollte man großthun, daß mein Zustand an die Verzweiflung gränzt...‹ Am 10. Juni, also vier Tage nach Christianens Tode, ließ er ihre Zimmer neu einräumen; auch ihr Wirtschaftsraum wurde verlegt und umgebaut. Nichts sollte mehr an ihr körperliches Dasein erinnern – denn es war der Vergänglichkeit anheimgefallen. Wiederum würde man sich täuschen, wenn man glaubte, Goethe habe die Erinnerung an Christiane abstreifen wollen – im Gegenteil: Er nahm sie auf in den Saal der Vergangenheit mit den heiteren Bildern, die das Leben ihm geschenkt hatte: Ihr blühendes, lachendes Antlitz, das vom Leiden noch nicht berührt war, sollte immer vor den Augen seiner Seele stehen:

Gott hab ich und die Kleine
Im Lied erhalten reine.

So laßt mir das Gedächtnis
Als fröhliches Vermächtnis.

betrübt. Im Wagen haben wir um die Wette ein bißchen geheult.‹ (3. Juni 1797.) ›Wenn ich nur bei Dir sein könnte, das ist meine einzige Betrübniß; und manchmal werden die Wehe sehr groß, denn ich habe Dich nur immer lieber.‹ (16. August 1797.) ›Du mußt mir es nicht übel nehmen, ich bin Dein Hase und möchte nur immer bei Dir sein. Äugelchen könnte ich hier genug machen, aber ich finde kein Vergnügen daran. Wenn Du hier bist, mache ich eher manchmal welche; aber wenn Du nicht da bist, geht es gar nicht. Ich bitte Dich recht sehr, mache ja in Jena nicht zu viel, es träumt mich alle Nacht davon. Es ist aber, weil ich immer am Tage daran denke.‹ (19. November 1798.) ›Ganz aus dem Herzen raus‹, lebhaft, ungebrochen sind ihre Äußerungen der Freude und Dankbarkeit: Aus Lauchstädt, 1803: ›Es ist ein prächtiges Leben; wenn Du nur auch hier wärst und Dich noch so mitfreuen könntest! ich bin sehr glücklich, und so glücklich machst Du, Lieber, mich! Ich kann Dir gar nicht genug dafür danken... Lustig bin ich, wie Du nicht glauben kannst, und solche Einfälle, als ich hier habe, kommt mir kein einziger in Weimar in die Gedanken...‹ ›Kurz, es gefällt mir höllisch, und Du hast mich sehr glücklich gemacht. Und wenn Du noch hierher kommst, bin ich ganz glücklich.‹ ›Lieber, Bester, Deine Messe hat sehr große Freude bei uns gemacht, ...und ich bin nach meiner Art etliche Mal um den Tisch herum gehuppt.‹ (3. Mai 1800.) ›Lieber, bester Geheimerath, Dein lieber, eigenhändiger Brief nebst dem schönen Shawl hat mich ganz glücklich gemacht, denn so einen liebenswürdigen, schönen Shawl habe ich, so lange ich lebe, noch nicht gehabt.‹ – Wir hörten schon, wie drollig sie die Eifersucht bekundet. Man gestatte noch eine Probe davon: ›Hier folget, wie ich sehe, wieder ein Brief von Mariannichen (Marianne Meyer, spätere Frau von Eybenberg). Das ist eine fleißige Schreiberin, das wird am Ende noch gefährlich werden... Die vielen Briefe von dem Mariannichen machen mir doch ein bißchen Angst.‹ – Ihre Bitten haben die Unwiderstehlichkeit derer, die weder durch falsche

Scham noch durch empfindlichen Stolz belastet sind. Entzückende Schelmerei umspielt den folgenden Wunschzettel: ›Nun wünschte ich nur, der heilige Christ verlör in Jena 10 Ellen weißen Halb-Atlas, die Elle zu 12 Groschen, das wären 5 Thaler: das wäre dem heiligen Christ ein Leichtes. Oder nur 5 und 1/2 Elle Calico-Halb-Atlas, das wäre nur 2 Thaler 18 Groschen, die Elle zu 12 Groschen. Das müßte der heilige Christ aber bald verlieren; solltest Du ihm etwa unverhofft begegnen, so kannst Du mit ihm darüber sprechen. Du mußt aber ja nicht böse werden, daß ich Dich mit einem solchen Auftrage beschwere; ich werde auch nicht böse, wenn es mir abgeschlagen wird. – Wenn er nichts verliert, so ziehe ich mich wieder wie das vorige Mal an und bin auch zufrieden.‹ (16. Dezember 1800.) Ein andermal ist ihr Begehren bescheidener: ›Es steht mit meiner Seife schlecht, und hier ist sie wieder theuer geworden. Ich dächte, wenn das Gedicht (Hermann und Dorothea) fertig wäre, bekäm ich einen halben Stein.‹ Wie mag Goethe gelächelt haben über die Meinung, daß die Vollendung eines unsterblichen Werkes seiner kleinen Frau einen halben Stein Seife einbringen dürfe! Er hatte volles Verständnis dafür! – Die Scheu der gebildeten (›wohlerzogenen‹) Menschen, ihre natürlichen Begierden und Befriedigungen auszusprechen, kennt Christiane nicht. Auf der Rückfahrt von Frankfurt kauft sie ›vor zwei Laubthaler cattune Halstücher‹, um damit in Weimar ›ein bißchen Aufsehen‹ zu erregen. Ein andermal teilt sie befriedigt mit, daß sie von einem Ausschlag befreit sei, und setzt hinzu: ›Da ich nunmehr ganz glatt bin, kannst Du Dir denken, was die Leute wieder vor Äugelchen machen wollen.‹ Ihr Wohlgefallen, nicht nur am Tanze, sondern auch an hübschen Tänzern spricht sie unumwunden aus: ›Auf den Abend (gab es) Redoute, wo ich wieder einen sehr schönen Tänzer habe kennen lernen, der mit Namen Eisert heißt. Heute muß ich mich erkundigen, was es vor ein Landsmann ist. Mit dem habe ich so viel getanzet, daß ich ein Paar ganz neue Schuhe habe durchgetanzt.‹ (27. März 1799.) ›In die Loge zu mir kam Herr v. Nostiz, der große Offizier, und ladete mich zu dem Ball ein. Ich tanzte die erste Ecossaise mit ihm vor. Aber, mein Gott, wie schön tanzte der! ich habe selbst noch nicht so schön getanzet. Alles sahe uns zu...‹ (Lauchstädt, Juni/Juli 1803.) Mit Befriedigung stellt sie fest, daß man sie anstaunt oder daß man ihr mit Höflichkeit und Respekt begegnet: ›Überhaupt, den Hallensern laß ich nichts thun; so artig, wie sie sich im Allgemeinen gegen mich betragen, ist sehr hübsch. Wenn ich in (den) Salon komme, und es ist kein Platz mehr da, so stehen gleich 5 bis 6 auf und bieten mir ihre Plätze an, die ich aber nicht annehme.‹ (18. Juli 1803.) ›Mich hat es sehr gefreut, daß so viel Weimarer hier sind, die dieses alles mit ansehen (ihren Umgang mit lauter ›Fräulein‹ und ›Comtessen‹)... Mein Breslauer Äuglichen hat sich so stattlich herausgeputzt, daß es sehr gut aussieht, und tanzen thut es auch sehr gut. Genug, die Weimaraner waren erstaunt.‹ (11. Juli 1803.) – Ihre weiblich-triebhafte Lust am spielerischen Kampf um den Mann kommt deutlich zum Ausdruck: ›Wir müssen auf unsrer Hut sein, man will uns unsre Äuglichen und Curmacher wegkapern... wir wollen nur erst sehen, daß wir etwas Anders kriegen und etwas Besseres, alsdann kann sie die Jagemann bekommen. Es ist recht lustig, wie man da keine Barmherzigkeit mit einander hat; das macht mir viel Spaß, und ich habe Dir allerhand lustige Streiche zu erzählen.‹ (Juni/Juli 1803.) Aus ihrer gesellschaftlichen Unbildung und Ungewandtheit macht sie kein Hehl: ›...da man weiter nichts zu thun hat, so kann man sich Mühe geben, gut zu sprechen und vorher allerlei zu überlegen. Weil man schon allenfalls weiß, mit wem man in Gesellschaft kommt, so geht es mir itzo recht gut vom Munde...‹ (24. Juni 1803.) Sie strahlt vor Stolz über das Lob, das sie als Lenkerin ihres Schlittens geerntet hat: ›Gestern habe ich mich ganz allein in Schlitten gesetzt und gefahren, und der Kutscher hat hinten darauf gestanden und mit einer rechten großen Karbatsche geklatscht, und ich bin in der Stadt durch alle Gassen und um alle Ecken recht gut gefahren und habe mir großen Ruhm erworben. Der Herr von Hinzenstern und der Hauptmann Egloffstein, die haben mich sehr gelobt.‹ (20. Januar 1802.) Noch mehr liegt ihr an dem Lob des geliebten Mannes, das sie schmeichelnd hervorzulocken sucht: ›Wenn Du wiederkömmst, so mußt Du aber auch alles erst ein bißchen ansehn, damit ich auch ein bißchen gelobt werde.‹ (9. Juni 1797.) ›Lieber, guter Geheimerath, ich freue mich recht sehr, ... daß ... Du mich wieder ein bißchen gelobt hast.‹ (25. August 1814.) Ihre löbliche Standhaftigkeit und Gediegenheit betont sie mit Genugtuung, sich selbst und den Gatten beruhigend: ›Alsdann frühestückten wir zusammen auf dem Keller, wo viele Juden kamen; es wurde sich aber sehr tugendhaft betragen und nichts gekauft.‹ (Aus Lauchstädt, Juni/Juli 1803.) ›Wegen des Hauses kannst Du außer Sorge sein, ich werde doch nicht itzo anfangen, liederlich zu sein.‹ (19. Oktober 1798.) Die wissenschaftlichen Bemühungen ihres Mannes betrachtet sie ganz von ihrem Standpunkt, das heißt mit Unwillen, wenn sie ihn zu lange in Jena festhalten: ›Die Optik hat mich gar nicht gefreut; der Gustel hat auch gleich gesagt: ‚Nu kommt das Väterchen noch nicht.'‹ (20. November 1799.) Wie mag Goethe schmunzelnd gelächelt haben, als er folgende philosophische Betrachtung über vergängliche und unvergängliche Werke las: ›Mit Deiner Arbeit ist es schön: was Du einmal gemacht hast, bleibt ewig; aber mit uns armen Schindludern (?) ist es ganz anders. Ich hatte den Hausgarten sehr in Ordnung, gepflanzt und alles. In Einer Nacht haben mir die Schnecken beinahe alles aufgefressen, meine schöne Gurken sind fast alle weg, und ich muß wieder von vorne anfangen.‹ (30. Mai 1798.) – Besorgt wie irgendeine Mutter aus dem Volke zeigt sie sich um das Bübchen, das der Vater mit nach Ilmenau genommen hat: ›Laß, Lieber, das Kind nur nicht bei geladnes Gewehr gehen.‹ (6. November 1796.) – Im Theater ist sie, als ein echtes Kind des Thüringer Volkes, ebenso lachlustig wie leicht gerührt. Von einer Vorstellung des ›24. Februar‹ (von Zacharias Werner) berichtet sie: ›Ich wollte dieses Mal in keine betrübte Stimmung kommen, weil mich alles doch zu sehr angreift; bin also abwechselnd heraus und herein gegangen und habe in der Zeit an etwas anderes gedacht; und wenn ich wieder hereinkam, hat es mir doch außerordentlich gefallen.‹ (18. Juli 1810.) Die Gestalten der Kunst und die Eindrücke ihres Lebens verknüpft sie mit aller Unbedenklichkeit: ›Den 24. war Hamlet, wo die neue (Madame Schlanzovsky) als Ophelia mir gar nicht gefallen hat. Ob es nur macht, daß sie dem jenaischen Äuglichen (?) gleicht und auch so spricht, oder ob es machte, daß die gute Bekkern (Christiane Neumann-Becker = ‚Euphrosyne') den selben Tag im Leichen-Haus stand?‹ (25. September 1797.) – Vor ihrem Landesfürsten, der, soeben zum Großherzog erhoben, vom Wiener Kongreß zurückkehrte, steht die fünfzigjährige Frau blutübergossen und verwirrt wie ein Kind – aber so kopflos ist sie wiederum nicht, daß ihr eine Augenweide dabei entginge: ›Unser Großherzog ... grüßte uns sehr freundlich; wie er einige Schritte vorbei war, fragte er seine Leute, wer wir wären. Er ließ sogleich halten und stieg aus, um zu meinem Wagen zu kommen. Wie ich es sahe, so stieg ich geschwind aus, um ihm entgegen zu gehen. Er war sehr gnädig und fragte gleich nach Dir ... Ich war so bestürzt, daß ich mich versprach‹ (so ergänzt das Tagebuch ihren Brief) ›und anstatt Wiesbaden Teplitz sagte. Er half mir aber gleich, indem er sagte: er habe gehört, Du seist am Rhein; da fiel es mir erst ein, daß ich mich versprochen hatte.‹ – ›Es war ein wunderschöner Russe bei ihm‹, so fährt der Brief fort, ›es mußte ein Fürst sein, er hatte eine Menge Orden, war noch jung und war, was man einen schönen Mann nennen kann.‹ (9. Juni 1815.)

Wenn Christiane sich auch als Geheimrätin von Goethe fühlte und zuweilen mit Befriedigung feststellte, daß man ihr achtungsvoll begegnete, so hat sie doch niemals vergessen, wie hoch der Gatte über ihr stand: Immer hat sie zu ihm aufgeblickt wie ein Kind, ängstlich darauf bedacht, ihm zu gefallen und seinen Unwillen zu vermeiden. Mitten im Taumel der Lauchstädter Badefreuden fragt sie bei Goethe an, ob es ihm auch recht sei, daß sie noch bleibe. Sie wisse, daß er nicht gern nach Lauchstädt käme; wenn er deshalb wünsche, daß sie ihren Aufenthalt, der mit der Equipage und dem Kutscher starke Kosten verursache, abbreche, so möge er sie's wissen lassen. ›Ich möchte Dir gern alles recht machen, und Dich mit nichts verdrüßlich machen.‹ – Solche Wendungen kehren häufig in ihren Briefen wieder. Einmal wagt sie es, auszusprechen, wie gern sie mit ihren Freundinnen einen Ausflug nach Jena unternähme, wo sie ihn besuchen möchte, aber sie betont mehr als einmal: ›Es muß Dich nicht geniren, denn ich bin alles zufrieden, wenn es nur Dich nicht verdrüßlich macht.‹ (14. Juni 1797.) Die Professorengattin Augusti in Bonn hat in ihren Erinnerungen gesagt, Christiane habe einen an Furcht grenzenden Respekt vor ihrem Manne gehegt und sei manchmal aus einer Gesellschaft plötzlich weggeeilt mit der Begründung, sie könne nicht länger bleiben, der Geheimrat zanke sonst. Christianens letzter Brief an Goethe beginnt mit einer Bitte um Verzeihung, weil sie seinem gutgemeinten Rat wegen des Aderlasses nicht schleunig genug nachgekommen sei.

Besonders ängstlich vermied es Christiane, den Hausherrn durch hohe Wirtschaftsausgaben zu verstimmen. Die Grenzen, in denen sie sich frei bewegen konnte, waren offenbar eng gezogen, so daß sie wiederholt in Bedrängnis geriet. Besonders beweglich klagt sie am 25. März 1797: ›Wenn ich nicht gewiß geglaubt hätte, Du würdest heute kommen, so hätt ich Dir am Mittewoche geschrieben, daß ich kein Geld mehr habe, und so gehet es mir nun sehr schlecht, ich bin in größter Noth, denn ich gebe der Köchin alleweile meinen letzten kleinen Thaler. Ich habe auf das Buch einen Carolin ausgelehnt, ich wär also noch künftige Woche ausgekommen, und alsdann ist das Vierteljahr um… Wenn ich das alles rechne, komme ich doch gewiß ordentlich aus. Denn bei itziger Zeit ist es würklich Kunst; denn, wenn Du nicht da bist, es sind unser doch immer 6 zu Tische, und ich habe es die Zeit, daß Du nicht da warst, sehr eingetheilt, so daß die Köchin immer nicht mit mir zufrieden ist. Freilich weil der Bube krank war, habe ich wieder manche paar Groschen mehr ausgeben und ihm auch wieder etwas Apartes kochen müssen.... Von dem Carolin, den Du mir schicktest, habe ich das Komödie-Abonnement bezahlen müssen und Starke den Thaler. 2 Paar Strümpfe vor Dich, habe Holz machen lassen, dem Kutscher Trinkgeld, und wenn ich nur nicht den Dukaten von Dir schon angewandt hätte, so hätte ich doch noch was. Die Weiber, die sich etwas schmu machen, thun doch nicht ganz übel, um im Nothfall was zu haben. Sei so gut und schicke mir durch einen Expressen oder durch die Post was.‹ Ihrem Freunde Nikolaus Meyer hätte sie gern einmal durch einen kleinen Betrag aus ihrer Tasche geholfen, aber sie mußte ihn mit folgendem Hinweis enttäuschen: ›Wegen des Geldes wissen Sie recht, daß ich es Ihnen nicht aus meiner Casse geben kann, weil ich keine Casse habe.‹ Hatte Goethe Grund, die Zügel so kurz und fest in den Fäusten zu halten? Der Schreiber E. K. Chr. John – ein nicht unbedingt zuverlässiger Zeuge – hat berichtet, daß Goethe einmal in Karlsbad traurige Nachrichten über Zerrüttungen und pekuniäre Verlegenheiten seines Hauses erhalten habe und dadurch sichtlich erschüttert worden sei. Eine Briefstelle Goethes vom 17. November 1812 scheint in die gleiche Richtung zu weisen: ›Verzeihe mir aber, wenn ich, um künftig einem verdrüßlichen, allgemeinen Aufwaschen vorzubeugen, im Einzelnen nörgele, wie ich es jetzt mit Heinrichen um die Lichtstümpfchen thue.‹ Die Möglichkeit, daß Christiane zeitweise leichtsinnig gewirtschaftet oder den Überblick über ihre Mittel und ihre Ausgaben verloren habe, ist natürlich zuzugeben – im übrigen aber sprechen viele Zeugnisse für ihren haushälterischen Sinn. Sie freut sich, wenn sie aus alten Kleidern ›Chemisen‹ machen kann, und sie ist ärgerlich, wenn sie den Saal für die ›Freitags-Gesellschaft‹ vergeblich hat heizen lassen. Und wie hartnäckig besteht sie auf Rückgabe aller leeren Flaschen Selterswasser, die sie nach Jena geschickt hat! Die Beispiele lassen sich häufen. Wenn sie sich grämte wegen der Kosten, die ihr Badeaufenthalt in Lauchstädt verursachte, schrieb ihr Goethe mehr als einmal, sie möge sich keine Sorge machen, er gebe ihr das Geld gern, sie werde ohnehin zeitig genug in die Sorgen der Haushaltung zurückkehren. Als Zeugin endlich, die durchaus sachverständig war, sei Frau Rat Goethe in Frankfurt angeführt, die ihr am 23. September 1797 zurief: ›Ein wirtschaftliches Weib ist das edelste Geschenk vor einen Biedermann... Bleiben Sie bey denen Ihnen beywohnenden edlen Grundsätzen – und Gott! und Menschen werden Wohlgefallen an Ihnen haben.‹ Und am 16. Mai 1807 stellt die Schwiegermutter fest: ›Eine neue Probe Ihrer Erfindsamkeit im Sparen ist, daß Sie den alten schwartzen Lappen haben noch benutzen können.‹

Kein Zweifel, daß Goethe sein Haus in erwünschter Ordnung und Sauberkeit und seine Tafel wohl bestellt fand, wenn er zum Frauenplan heimkehrte. Christiane war Hausfrau von Geburt; das Pflegen und Säubern, das Schaffen und Mehren der häuslichen Güter war ihr Bedürfnis. Völlig auf sie zutreffend ist das prächtige Bild, das die ›Zweite Epistel‹ Goethes von der schaffenden Hausfrau entwirft:

Laß der andern die Küche zum Reich! da gibt es, wahrhaftig,
Arbeit genug, das tägliche Mahl durch Sommer und Winter
Schmackhaft stets zu bereiten und ohne Beschwerde des Beutels.
Denn im Frühjahr sorget sie schon, im Hofe die Küchlein
Bald zu erziehen und bald die schnatternden Enten zu füttern.
Alles, was ihr die Jahrszeit gibt, das bringt sie bei Zeiten
Dir auf den Tisch und weiß mit jeglichem Tage die Speisen

Klug zu wechseln, und reift nur eben der Sommer die Früchte,
Denkt sie an Vorrat schon für den Winter. Im kühlen Gewölbe
Gärt ihr der kräftige Kohl, und reifen im Essig die Gurken;
Aber die luftige Kammer bewahrt ihr die Gaben Pomonens.

Christiane mußte sich körperlich auswirken – im Hause wie im Ballsaal. Zahlreich sind die Briefstellen, in denen sie Befriedigung über geleistete Arbeit ausspricht. Eine mag für alle gelten, weil sie das Bild der von Hitze und Eifer glühenden, schaffensfrohen Hausfrau am deutlichsten zeigt: ›In Eile will ich Dir nur schreiben, daß Du mir mit dem Rehekeulichen eine rechte Freude gemacht hast. Mir haben seit Montag gewaschen und getrocknet und heute bügeln mir, und die Stähle glühen, da kann ich Dir nicht mehr schreiben. Leb wohl und behalte Deinen Haus-Schatz lieb.‹ (28. März 1798.) Die Hausbediensteten waren von Christiane so gut angeleitet, daß sie getrost einmal verreisen konnte. Als sie 1804 in Lauchstädt weilte, während der Gatte daheimsaß, bekundete er seine Zufriedenheit im Hause mit der Feststellung: ›Dein Geistchen scheint darin umzugehen und alles anzuordnen.‹

Es gibt tugendsame, treffliche Hausfrauen, die sich von ihrer Arbeit kaum losreißen können und darüber mürrisch werden – zu diesen gehörte Christiane nicht. Sie war eine lachende Hausfrau, solange der Wechselrhythmus von Arbeit und Vergnügen ihrer Natur entsprach. Und sie war zur Fröhlichkeit verpflichtet – ihr Gatte haßte das ›Ächzen und Krächzen‹ und wünschte sich einen ›lustigen Hausschatz‹ (so nannte sich Christiane selbst), der für jeden Spaß mit schallendem Gelächter zahlte. Zu den still Vergnügten gehörte sie nicht, sie liebte die Gesellschaft und den Trubel, den Kreis der ›obskuren‹ Schauspielerinnen, wie Karoline Jagemann mißbilligend sagte, der Engels, Elsermann, Wolff, Silie und Deny – es sind die ›Lustigen von Weimar‹, die das Haus am Frauenplan mit geräuschvollem Leben erfüllten. Wenn sie es nicht gar zu toll trieben, hatte Goethe seine Freude daran und trug zu ihrem Vergnügen bei – das eben erwähnte Gedicht bezeugt es mit launigen Versen, und selbst die Jagemann muß zugeben, es habe ihm gefallen, daß Christiane die kleinen Schauspielerinnen an sein Haus fesselte. Alle Sorgen des Lebens lassen sich freilich durch fröhliche Gesellschaft nicht vertreiben – zuweilen wurde auch Christiane von ihnen übermannt. Wenn sie aber dem Freunde in Bremen die Sorgen klagte, die Goethes Krankheitsanfälle ihr verursachten, bat sie stets mit Nachdruck, er möge den Geheimrat ja nicht merken lassen, daß sie geklagt habe.

Über die Anwandlung der Verzagtheit und des Unmuts wurde Christiane immer wieder durch ihre unbändige Tanzfreude hinweggerissen. Wenn man mißbilligend von Tanzwut sprechen will, kann man auch das tun – Goethe hat nur selten den Kopf dazu geschüttelt oder warnend den Zeigefinger erhoben; viel häufiger hat er seiner Frau versichert, daß er ihr das Vergnügen von Herzen gönne. Als seine Ehe gerade fünfzehn Jahre alt war, hatte er folgenden Wunsch: ›Schicke mir mit nächster Gelegenheit Deine letzten, neuen, schon durchgetanzten Schuhe, von denen Du mir schreibst, daß ich nur wieder etwas von Dir habe und an mein Herz drucken kann.‹ (14. Juli 1803 aus Weimar nach Lauchstädt.) Christiane selbst hat ihre Tanzlust offenbar nie als ungehörig oder gar als Laster empfunden – das beweist die Freimütigkeit, die unbefangene Genugtuung, mit der sie immer wieder von ihren Vergnügungen berichtet. Zu den vielen Briefstellen, aus denen das hervorgeht und die wir in anderem Zusammenhang schon angeführt haben, sei nur eine noch hinzugefügt: ›Itzo habe ich 3 Tage hintereinander getanzet, und nun bin ich erst recht dabei. Gestern, habe ich nachher erfahren, hatte sich ein Graf vorgenommen, mich mit einer Quadrille recht müde zu machen, denn es wurde sehr rasch getanzet. Aber ich ward nicht einmal müde; und man spricht hier sehr viel von mir wegen des Tanzen, und ich glaube, die Comtessen haben mitunter doch eine kleine Boßheit auf mich, lassen sich aber nichts merken.‹ (12. Juli 1803.) Die Feststellung, daß ihre Ausdauer im Tanzen viel besprochen wurde, trifft sie nicht mit Schrecken und Schamgefühl, sondern eher mit Befriedigung. Sie ist die schnellste, die leidenschaftlichste Tänzerin – die Königin des Ballsaals, die den Neid der anderen Frauen und Mädchen hervorruft! – Die Kunde von Christianens Tanzwut drang bis nach Frankfurt, aber sie erregte dort keine Mißbilligung, wohl aber kamen herzlich ermunternde Zurufe in einem der schönsten Briefe, die Frau Aja geschrieben hat: ›Tantzen Sie immer, liebes Weibgen, Tantzen Sie – fröliche Menschen, die mag ich gar zu gern – und wenn Sie zu meiner Familie gehören, habe ich sie doppelt und dreyfach lieb – Wäre ich eine Regirende Fürstin, so machte ich es wie Julius Cäsar: lauter fröliche Gesichter müßten an meinem Hof zu sehen seyn; denn das sind der Regel nach gute Menschen, die ihr Bewußtsein froh macht – aber die Duckmäuser, die immer unter sich sehen – haben etwas vom Cain an sich, die fürchte ich – Luther hat Gott zu Cain sagen lassen: Warum verstellst du deine Geberde, aber es heißt eigentlich im Grundtext – warum läßt du den Kopf hängen. Leben Sie wohl – vergnügt und tantzen, wo Sie Gelegenheit dazu finden – darüber wird sich hertzlich freuen, die sich nennt Ihre treue Mutter Goethe.‹ (18. Januar 1802.)

Es ist eine sehr schmerzliche Vorstellung, daß Christiane sich im Ballsaal oder in froher Gesellschaft zuweilen gehenließ, weil die Geister des Weins Macht über sie gewonnen hatten und die Selbstbeobachtung versagte. Daß dem so war, ist schwerlich zu bestreiten. Es gibt mehrere Zeugen dafür, die Christianens Schwäche mit Genugtuung verzeichnet haben, weil sie ihr nicht wohlwollten – aber wir dürfen doch nicht annehmen, daß sie die böse Nachrede frei erfunden haben. Karoline Jagemann behauptet, daß die jungen Herren in Jena und Lauchstädt sich über Christiane lustig machten, wenn ›sie dem Punschglas so eifrig zugesprochen hatte, daß ihre Zunge lallte und ihr Angesicht wie Feuer glühte‹. Das ist eine mißgünstige Beobachterin, aber ihre Aussage stimmt überein mit einem Bericht von Heinrich Voß, dem Sohn des Homer-Übersetzers, der sich immer nur freundlich über Christiane geäußert hat und ihren Rausch auch bei folgender Gelegenheit nicht abstoßend fand: ›Gestern vor 8 Tagen‹, so schreibt er 1804, ›wurde er (Goethe) so gut aufgeräumt, daß er die Vulpius bat, die Persikoflasche zu holen. Bei der Gelegenheit fiel ihm eine Begebenheit ein, wo er vor zwanzig Jahren auch die Persikoflasche nicht geschont habe, und fing an zu erzählen, und während dessen wurde das Gläschen oft gefüllt und ging in die Runde. Die Vulpius leerte es dreimal und ward in den dritten Himmel gesetzt, und als Goethe einmal hinausging, strömte ihr Herz über zu des lieben Geheimerats Lobe.‹ Dieser Briefbericht von Voß ist nicht nur darum hoch zu schätzen, weil er uns ein heiter-trauliches Bild aus dem häuslichen Leben Goethes sehr anschaulich malt, sondern auch, weil er uns erkennen läßt, wie der Hausherr einschenkte und die vom Wein erhöhte Laune seiner Gattin nicht als unangenehm empfand. In der Tat wird Christiane weitgehend dadurch entlastet, daß Goethe ihre Trinkfreudigkeit nicht mißbilligte, sondern eher befriedigte und anregte.

Goethe liebte den Wein, das edle Gewächs seiner milderen Heimat, und er trank ihn am liebsten gesellig, weil der Wein ihm die Zunge löste, ihn für erfreuende Eindrücke empfänglicher machte – auch sah er's nicht ungern, wenn bei seinen Tischgenossen ›der Teig durch Säuerung sich in Bewegung setzte‹. Die angeführten Worte stammen aus einem der ältesten Diwan-Gedichte, dem noch viele trinkfrohe Verse folgten. Goethe hielt auf einen sortenreichen Weinkeller, aus dem er sich auch in Jena und auf Reisen versorgen ließ. Weinsendungen nehmen einen breiten Raum im Briefwechsel mit Christiane ein. Er wußte, was in seinem Hause getrunken wurde, sah sich aber zu keinem

Tadel, keiner sorglichen Mahnung veranlaßt, und das wäre doch wohl der Fall gewesen, wenn er hätte fürchten müssen, daß Christianens Trinkfreudigkeit zur Trunksucht, zum Laster ausartete. Ihre Briefe zeigen deutlich, daß sie Wein, Champagner und Likör herzhaft genoß, aber die entwaffnende Offenheit ihrer Mitteilungen zeigt zugleich, daß sie keineswegs das Gefühl hatte, verbotene Früchte zu genießen. Man höre folgende Briefstellen: ›Vergiß nicht an Zapff (den Weinhändler) zu schreiben, denn itzo sehe ich erst, wie nothwendig der Wein ist, weil ich keinen habe. Mein Mägelchen thut mir gewaltig wehe, wenn ich keinen trinke; denn keinen Wertheimer nehm ich nicht, und was ich habe, muß ich auf Deinen Geburtstag aufheben.‹ (24. August 1797.) ›Den Stark (Goethes Arzt in Jena) bitte ich mir auch zum Doctor aus, dem seiner Meinung bin ich gewiß auch, daß Du nicht so wenig Wein trinken sollst und Champagner besonders.‹ (24. September 1800.) ›Wein habe ich erhalten 6 von dem Herrn Professor Gentz, 6 von Herrn Hofrath Schiller, 6 vom Stallmeister Müller und 3 (von) Mademoiselle Probst, wofür ich Dir den besten Dank sage. Man gibt mir Schuld, ich brauche eine Weincur; es ist aber auch zu viel. Von dem bessern sollst Du, wenn Du kömmst, noch finden.‹ (4./10. Juli 1803.) ›Den Mittewoch, den 22., wie ich frühe aufwachte, war ich sehr krank und wußte nicht, wovon. Ich hielt mich im Bette und curirte mich nach meiner Art mit Portwein.‹ – Der schon erwähnte Psychiater J. P. Möbius – selbst Antialkoholiker und daher ein strenger Richter – kommt zu dem Ergebnis, daß Christiane gewohnheitsmäßig etwas zuviel getrunken habe – aber den größeren Teil der Schuld mißt er Goethe zu, der ihre Neigung begünstigt habe. Auch Möbius glaubt nicht, daß das Kindersterben im Goethischen Hause auf den Weingenuß zurückzuführen sei, weil Christiane sich dann schon zu einem sehr frühen Zeitpunkt dem Laster hätte ergeben haben müssen.

Wir haben im Verlauf unserer Darstellung schon so viel von Christiane mitgeteilt, daß kein aufmerksamer Leser ein hohes Maß an sicherer Haltung von ihr erwarten wird. Ein Mensch, der seinen Lustgefühlen so herzhaft nachgibt, wird auch den Verdruß und die Wut nicht meistern können. Wir wissen von einem Vorfall, bei dem sie ihre Selbstbeherrschung gänzlich verlor und der abfälligen Beurteilung durch ihre Weimarer Mitbürger willkommene Nahrung bot. In das Jahr 1811 fällt ein lang ausgedehnter Besuch des Ehepaares Achim und Bettina von Arnim in Weimar. Die Gäste verkehrten wochenlang täglich im Goethehause und besuchten mit Christiane am 13. September eine von Heinrich Meyer veranstaltete Bilderausstellung. Als Bettina sich mit abfälligem Spotte über die Kunst Heinrich Meyers äußerte, fühlte sich Christiane für den alten treuen Hausgenossen verletzt. Überdies erboste es sie, daß Bettina sich als überlegene Kunstkennerin aufspielte und durchblicken ließ, daß Christiane nicht urteilsfähig sei. Anfangs hielt diese sich zurück, aber dann kam ihre tiefe Abneigung gegen Bettina, die von Eifersucht geschärft war, hemmungslos zum Ausbruch. Sie erging sich in wütendem Geschrei, vielleicht schlug sie sogar auf die Gegnerin ein. Es war ein öffentlicher Skandal! ›Die Flut des Klatschens ist ungeheuer‹, berichtete Frau von Schiller am 3. Oktober, ›die ganze Stadt ist in Aufruhr, und alles erdichtet und hört Geschichten über den Streit mit Arnims.‹ Die öffentliche Meinung ergriff sofort und einmütig Partei für die schwer beleidigte Bettina, die geschmackvoll erklärte, es wäre eine Blutwurst toll geworden und hätte sie gebissen. Goethe stellte sich ohne jedes Zögern und ohne jede Einschränkung schützend vor seine Gattin: Er brach für Jahre jeden Verkehr und Briefwechsel mit Arnims ab und bereitete Bettina damit die schmerzlichste Enttäuschung ihres Lebens.

Frauen von Christianens Art pflegen keine guten Erzieherinnen zu sein. Da sie ihren eigenen Gelüsten gerne nachgeben, können sie auch ihren Kindern nichts versagen. Da sie ihrer inneren Haltung nicht sicher sind, geben sie zuweilen ein schlechtes Beispiel, und eine einzige

Selbstvergessenheit in einem verhängnisvollen Augenblick kann bei dem Kinde einen unauslöschlichen Eindruck hinterlassen. Wir können es nicht urkundlich beweisen, daß Christiane ihrem Sohne eine schwache Mutter gewesen ist, aber die Vermutung liegt nahe, und sie wird durch ein paar Briefstellen bestärkt. Wie peinlich berührt es uns, zu bemerken, wie der 14jährige Knabe schon die Leidenschaft seiner Mutter beobachtete: ›Gestern war Ball auf dem Stadthause, bei welchem ich auch war. Die Mutter hat entsetzlich viel getanzt, und wir waren alle recht lustig.‹ (Am 14. Dezember 1803 an seinen Vater.) 1810, als August zur Beendigung seines Studiums in Jena weilte, fügte er einem an Christiane gerichteten Brief seines Vaters folgende Nachschrift an: ›Da der Kasten dießmal so reichlich mit Würsten und anderen Eßwaren angefüllt war, so muß ich beinahe glauben, daß Sie mich damit bestechen wollten, um ein gutes Wort für Sie, wegen des Balles, beim Vater einzulegen.‹ – Etwas Ergreifendes hat die Bitte, die Goethe am 7. September 1796 an seine immer noch grollende, von bösen Anwandlungen heimgesuchte Freundin Charlotte von Stein gerichtet hat: ›Erlauben Sie auch ferner meinem armen Jungen, daß er sich Ihrer Gegenwart erfreuen und sich an Ihrem Anblick bilden dürfe. Ich kann nicht ohne Rührung daran dencken, daß Sie ihm so wohl wollen.‹ Um diese Briefstelle richtig zu beurteilen, muß man heraushören, daß sie um Charlottens Freundschaft werben sollte, und das Attribut ›arm‹ dürfen wir nicht ganz wörtlich verstehen, aber dann bleibt immer noch die unausgesprochene Überzeugung, die eigene Mutter tauge nicht dazu, den Knaben durch ihr Wesen zu bilden.

Wie hätte sie das gekonnt? Dazu gebrach es ihr an eigener Bildung, das heißt an häuslicher Erziehung und an dem frühen Umgang mit dem Gedankengut der Dichter und Philosophen – nur wenigen naturgebildeten Menschen ist es kraft einer starken Persönlichkeit gegeben, Bildung auszustrahlen, und Christiane gehört nicht zu diesen seltenen Erscheinungen. Sie war ein fröhlich-unbeschwertes, gutherziges Menschenkind, aber den seelisch formenden, veredelnden Einfluß wertvollen Bildungsgutes hatte sie nie an sich erfahren – und sie hat das Versäumte auch später nicht nachgeholt. Ihre allzu wohlwollenden Beurteiler suchen immer wieder zu beweisen, daß sie ›nicht ganz ungebildet gewesen sein könne‹, aber diese Beweise stehen auf schwachen Füßen. Was will es schon heißen, wenn Goethe seiner Frau Werke wie ›Hermann und Dorothea‹ und ›Dichtung und Wahrheit‹ abschnittsweise vorlas? Wir dürfen uns von solchen Vorlesungen, bei denen sie als braves Kind und vielleicht auch als gefühlvolle Zuhörerin lediglich zugegen war, keine erheblich bildende Wirkung versprechen, und noch weniger dürfen wir daraus Rückschlüsse auf ihre Vorbildung ziehen. Man darf auch nicht übersehen, daß Christiane wohl selten die einzige Zuhörerin war. Als Goethe die soeben beendeten ›Wahlverwandtschaften‹ übersandte mit den Bedingungen, daß sie bei verschlossenen Türen zu lesen seien, daß niemand etwas davon erfahre und daß ihm alsbald über den Eindruck berichtet werde – da hatte er ebensowohl Caroline Ulrich wie Christiane im Auge. Ihrer Versicherung, daß sie sich auf ein neues Theaterstück von ihm (›Die natürliche Tochter‹) freue oder daß der ›Egmont‹ ihr wieder recht gefallen habe, darf man kein großes Gewicht beilegen – das sind billige Freundlichkeiten, mit denen sie dem Gatten schmeichelte. Wenn sie meint, daß der Dichter Blümer in seinem Epilog Goethes Karlsbader Huldigungsgedichte sehr benutzt habe, so gibt sie wahrscheinlich ein von anderer Seite stammendes Urteil wieder. Sehr drollig klingt in ihrem Munde die Bezeichnung der Gurken in ihrer Speisekammer als ›Vertreter der langnäsigen odysseeischen Völker‹ – das hat sie von ihrem humorvollen Olympier aufgeschnappt, und Kräuters Hand hat es zu Papier gebracht. Ehrliche Begeisterung über ein Buch verspüren wir nur einmal: Sie galt Tiecks ›Heiliger Genoveva‹, in der sie bis 1 Uhr nachts gelesen hatte. Als aber einer ihrer Schauspieler-Freunde ihr des Abends vorlesen wollte, gestand sie ehrlich, daß sie nicht stillsitzen könne. Goethe hat es mehrfach ganz offen ausgesprochen, daß seine Frau literarisch ungebildet sei, und da die Äußerungen sinngemäß übereinstimmen, wird man ihre Zuverlässigkeit nicht bezweifeln können. Frau von Wolzogen läßt ihn wörtlich sagen: ›Es ist ein kleines, närrisches Ding, das nicht schreiben, knapp lesen kann‹, und Christine Reinhard, die Frau des französischen Geschäftsträgers in Kassel, will aus seinem Munde gehört haben: Das Reich des Geistes habe für Christiane keine Wirklichkeit, sie habe keine Zeile von ihm gelesen, sie lebe und webe in ihrer Haushaltung – dies sei ihr Königreich. Dem Professor Wolff aber versicherte Goethe ganz ausdrücklich, es gefiele ihm, daß Christiane in 20 Jahren nichts von ihrem Wesen aufgegeben habe, daß sie geblieben sei, wie sie war. Goethe fand allerdings, daß Christiane durch regelmäßigen, häufigen Besuch des Theaters eine gewisse Welt- und Menschenkenntnis erworben habe. – Wenn wir ihr auch alle Bildung absprechen müssen, die von der Schule oder aus Büchern zu beziehen ist, so wollen wir damit keineswegs ihren gesunden, hellen Menschenverstand und ihre Urteilsfähigkeit bezweifeln. Beides hat sie in bemerkenswertem Maße besessen. Die Frau eines mecklenburgischen Staatsmannes, Rudolfine von Both, hat 1820 die Knebels in Jena besucht. Das Gespräch kam schnell auf Christiane, und Knebels Frau wußte aus ihrer Erinnerung zu berichten: ›Goethe hat uns oft gesagt, daß, wenn er mit einer Sache in seinem Geiste beschäftigt wäre, sich die Ideen zu stark bei ihm drängten, er dann manchmal zu weit käme und sich selbst nicht mehr zurechtfinden könne, wie er dann zu ihr ginge, ihr einfach die Sache vorlege und oft erstaunen müßte, wie sie mit ihrem einfachen, natürlichen Scharfblicke immer gleich das Richtige herauszufinden wisse, und er ihr in dieser Beziehung schon manches verdanke.‹ Frau von Knebels allgemeines Urteil über Christianens Verstand stimmt genau überein mit den Worten, die Frau von der Recke der eben Verstorbenen widmete. Aus Goethes Äußerungen über Christiane hört ein feines Ohr sein Bemühen heraus, die Gattin in ein möglichst günstiges Licht zu setzen – darum werden wir anerkennende Worte, die er an Christiane selbst gerichtet hat, höher einschätzen. In seinen Briefen hat Goethe zweimal betont, wie sehr ihm an Christianens Vermittlung zwischen ihm und dem Theatervolk gelegen sei. ›Es ist mir von großem Werth, daß Du wieder in Lauchstädt warst. Denn gewöhnlich kochen sie im Sommer einen garstigen Hexenbrei, den ich im Winter schmackhaft machen soll‹, versichert ein Brief vom 1. August 1810. Zwei Jahre vorher hatte er ihr schon eine solche Anerkennung gezollt, daß sie beim Lesen vor Scham und Freude errötet sein mochte: ›Du thust wohl, in Lauchstädt bis zu Ende zu bleiben, und mir geschieht eine große Liebe. Denn ohne Dich, weißt Du wohl, könnte und möchte ich das Theaterwesen nicht weiter führen.‹ Es war Goethe weniger an Christianens Berichten über die Aufführungen gelegen – diese waren sehr unbedeutend – als an ihrer geschickten Menschenbehandlung bei Zwistigkeiten, Eifersüchteleien, Ränkespiel. Ihre ›Klugheit und Thätigkeit‹ rief er auch einmal an, als Riemer sich mit der Frau des Kammermusikus Hirschfeld in einen ärgerlichen ›Handel‹ eingelassen hatte. – Unbestritten und recht erfreulich ist Christianens Sinn für alles Wachsende und Lebendige. Sie war Gärtnerin aus Neigung, säte auf Goethes zahlreiche Weisungen hin, zog die Pflänzchen heran und freute sich lebhaft über jedes Gedeihen in ihrem Garten. Auf dem botanischen Gebiet herrschte zwischen den Ehegatten vollkommenes Einverständnis – da bedurfte es keiner Mahnung und keines anfeuernden Lobes von seiner Seite. Christianens Aufgeschlossenheit in naturwissenschaftlichen Dingen, ihr dankbares Zuhören dürfen wir messen an der Tatsache, daß Goethe ihr das herrlichste Lehrgedicht der Botanik gewidmet hat. Und nicht genug damit: Von seinen naturwissenschaftlichen Arbeiten schrieb er nach der Rückkehr aus Italien, daß sie ›ganz einzeln geblieben wären, hätte mich nicht ein glückliches häusliches Verhältnis in dieser wunderlichen Epoche lieblich zu erquicken gewußt‹. Auffallend und daher häufig bemerkt worden ist auch, daß der unerschöpfliche Gleichnismacher von der Vorstellung der Blume nicht loskam, wenn er als Dichter von Christiane sprach. – Ihre Naturliebe zeigte nicht den Menschenhaß als traurige Kehrseite, wie das so häufig der Fall ist, sondern war mit einer Gutmütigkeit gepaart, die das Durchschnittsmaß übersteigt. Sie habe das beste Herz gehabt und habe vielen Menschen wohlgetan, hören wir bei ihrem Tode. Goethe hat an ihre Gutmütigkeit unbillig hohe Anforderungen gestellt, wenn er sie immer wieder anhielt, das ›Bübechen‹ mit Freundschaftsgaben – frischem Spargel, Artischocken, Geburtstagstorte – zu Frau von Stein zu schicken. Christiane hat es ohne Zögern und Murren getan, sie hat gehorsam die Damen des Weimarer Adels besucht, die so häßlich von ihr sprachen, und sie hat sich sogar einzureden versucht, daß sie an Charlotte von Schiller und Karoline von Wolzogen gute Freundinnen gewonnen habe. Lange freilich ließ sich diese Täuschung nicht aufrechterhalten, wie ihr denn die Erfahrung aller Gutmütigen nicht erspart blieb, daß sie von den Menschen mißbraucht werden. Aber solch bittere Betrachtungen konnten sich bei ihr nicht einnisten! – Daß die plauderfrohe Christiane mit ihren ›Schätzchen‹, ihren ›Koseweibern‹ lustig jedes Stadtgerücht beklatscht hat, das dürfen wir ohne weiteres annehmen – als aber der Todeskampf ihre arme Zunge für ewig zum Schweigen gebracht hatte, da hob die freundliche Elisa von der Recke in ihrem schon erwähnten Nachrufbriefe ausdrücklich hervor: ›Wodurch die Verstorbene sich mir empfohlen hat, ist, daß ich sie nie von anderen Böses sprechen hörte.‹ – Wir haben oft gehört, daß Christiane jede Gelegenheit benutzt hat, ›Äuglichen‹ zu machen – der Verdacht aber, daß sie ihrem Mann jemals untreu geworden sei, ist von keinem ihrer zahlreichen Verleumder ernsthaft ausgesprochen worden. – Engherzigkeit und Habsucht, die bei Menschen aus ärmlichen Verhältnissen häufig zu beobachten sind, scheinen ihr fremd gewesen zu sein. Als sie 1808 die Erbschaftsangelegenheiten in Frankfurt geregelt hatte, schrieb Henriette Schlosser, eine Tochter von Goethes Schwager: ›Sie betrug sich liberal und schön bei der Theilung, bei der sie sich gewiß verrathen hätte, wenn Unreines in ihr wäre. Es freut uns alle, sie zu kennen, um über sie nach Verdienst zu urtheilen und sie bei andern vertheidigen zu können, da ihr unerhört viel Unrecht geschieht.‹ Auch Goethe stellte ihr das Zeugnis aus, daß sie die Erbschaftsangelegenheiten ›auf eine glatte und noble Weise‹ abgetan habe. (25. November 1808 an Knebel.)

Wir sind am Ende unserer Wesensschilderung angekommen und können sie nicht besser abschließen als mit dem köstlichen Lob, das dem liebreichen Herzen ihrer mütterlichen Freundin in Frankfurt entströmt ist. Diese schrieb, als Christiane von ihrem zweiten Besuch bei ihr nach Weimar zurückgekehrt war, am 17. April 1807: ›Lieber Sohn! Dein Brief, welcher die Ankunft meiner Lieben, Lieben Tochter mir verkündigte, hat mir Hertz und Angesicht frölich gemacht. Ja wir waren sehr vergnügt und glücklich beyeinander! Du kanst Gott dancken! So ein liebes – herrliches unverdorbenes Gottes Geschöpf findet man nur selten – wie beruhigt bin ich jetzt (da ich sie genau kenne) über *alles* was Dich angeht – und was mir unaussprechlich wohl that, war, daß alle Menschen – alle meine Bekandten Sie liebten– es war eine solche Hertzlichkeit unter ihnen – die nach 10jähriger Bekandtschaft nicht inniger hätte seyn können – mit einem Wort, es war ein glücklicher Gedancke, sich mir und allen meinen Freunden zu zeigen – *alle* vereinigen sich mit mir, dich glücklich zu preisen – und wünschen Euch Leben – Gesundheit – und alles gute was Euch vergnügt und froh machen kann. Amen.‹

Verklärtes Bild

Christiane in Goethes Dichtung

›Bruchstücke einer großen Konfession‹ nennt Goethe im 7. Buche von ›Dichtung und Wahrheit‹ seine poetischen Versuche. Kaum ein zweiter Dichter ist so ausschließlich wie er von seinen persönlichen Erlebnissen ausgegangen – keiner kommt ihm deshalb in der Mannigfaltigkeit der künstlerischen Einfälle, der Töne, Rhythmen und Formen gleich. Die unendliche Erlebnisfähigkeit der menschlichen Seele muß ja – theoretisch – eine unbegrenzte Zahl von Gestaltungen hervorbringen, wenn in jedem Falle der vollkommen angemessene Ausdruck gefunden wird. Es soll jedoch hier nicht von Einzelerlebnissen und einzelnen Spiegelungen im Gedicht die Rede sein, sondern darauf hingewiesen werden, wie jede Liebeserfahrung (als ›Gruppenerlebnis‹) ihren eigenen unverwechselbaren Niederschlag gefunden hat. Einmal sind es selbstgefällige Schwärmerei und Eifersucht, die Pegasus zu tänzelndem Schritt und steilem Aufbäumen stacheln, ein andermal ist es nagender Gewissensbiß, der zu poetisch-dramatischer Beichte, zu erschütterndem Selbstgerichte zwingt, dann wieder muß eine seelische Befreiung vollzogen werden. Das nächstemal fordert das Gefühl des Reifens – schmerzlich und beseligend zugleich – seinen dichterischen Ausdruck, oder die Begegnung mit einer schönen Seele, einer zuchtvollen Frau treibt die edelsten Verkörperungen des Menschentums hervor – es vergehen Jahrzehnte, und spätsommerliche Liebesglut bricht aus, alle schöpferischen Kräfte belebend und befruchtend, so daß sie ganz neuartige Gebilde hervortreiben – endlich aber ergießt sich tiefer Entsagungsschmerz in breitem Strom, mit mächtiger Woge in die Strophen einer Elegie. – Was kennzeichnet umfassend die Christiane-Dichtung? Versuchen wir's mit einem Bilde, so stellt sie sich als ein breiter See dar mit freundlich bekränzten Ufern – sein Wasser spiegelt blauen Himmel, Sonne und ziehende Wolken – zuweilen, wenn der Wind die Oberfläche kräuselt, blitzen schelmische Lichter auf. Eine erste Vorstellung zu vermitteln, dürfte dieses Bild geeignet sein – aber es ist nicht ausreichend – man kann der Begriffe eben doch nicht entraten.

Breiten Raum nimmt die Christiane-Dichtung in Goethes Schaffen ein – breiteren als die Begegnung mit irgendeiner anderen Frau, und das ist ja nur natürlich. Sie setzt 1788 ein und endet 1816, aber Nachklänge aufsteigender Erinnerung sind auch unter späteren Gedichten Goethes noch zu vernehmen. Was die Christiane-Dichtung auszeichnet, ist der durchgehende Zug von Behagen, Spannungslosigkeit, Heiterkeit und sinnlicher Wärme – das Eigentümlichste an ihr ist die Durchdringung von antikem Bildungs- und Formengut mit sinnlicher Gegenwart. Ihre äußeren Pole sind: auf der einen Seite geistreiches Spiel mit überlieferten Gedanken, Vorstellungen, Sittengesetzen – auf der anderen Seite harmlos-heitere Plauderei eines guten Onkels, der gern mit hübschen Kindern scherzt. Allen gemeinsam ist der Vorzug des Zierlich-Lockeren. – Die ältesten Christiane-Gedichte sind schon erwähnt: ›Der Besuch‹ und die ›Morgenklagen‹. (›Frech und froh‹ haben wir wörtlich mitgeteilt.) Beide sind weniger kostbar als köstlich, reimlose Verse mit frei behandeltem Rhythmus, den man nicht besser kennzeichnen kann als mit Versen aus einer ›Römischen Elegie‹: ›Er wiegt sich im Hauch lauer und liebender Luft‹. Sinnenfreude und seelisches

Wohlbefinden – ausstrahlend von den frühen Liebesfreuden mit Christiane – lockten eine Dichtung hervor, die etwas völlig Neues in der deutschen Literaturgeschichte darstellt und ihresgleichen auch seither nicht gefunden hat: die ›Römischen Elegien‹. Es besteht kein Zweifel mehr, daß sie in Weimar entstanden sind und daß Christiane die Frau ist, die der Dichter darin umfangen hält. Wohl hat es eine Faustina gegeben, die ihm in Rom Liebesnächte geschenkt haben mag – aber vor die schnell verblassende Reiseerinnerung schob sich die Gegenwart mit schwellender Kraft. Drei Bestandteile haben sich in den Elegien zu wunderbarer Einheit verbunden: die künstlerische Anregung, die von dem Erlebnis des antiken Rom und von sinnlich-frechen Dichtungen eines Ovid, Catull, Properz ausging – die nachklingende, immer wieder genossene Erinnerung an römische Paläste, Gärten, Brunnen, Kirchen, Gassen und Tavernen mit ihrem malerischen Volksleben, und – als drittes – die Stunden des Rausches und des besinnlichen Ausruhens in den Armen des Mädchens, das in dem nordisch-blassen und kühlen Weimar so lebhaft an Italien erinnerte. Nie ist eine antiquarische Dichtung mit so blutvoller Gegenwart erfüllt, nie eine versunkene Welt mit soviel heiterer Helligkeit hervorgerufen worden. Die heidnischen Götter steigen nieder von ihrem Olymp, gesellen sich zu dem Dichter und lächeln ihm zu, wenn er nach ihrem Beispiel die Schönheit des Leibes, das Entzücken der Sinne und die ungehemmte Befriedigung naturgegebener Triebe feiert. Über alle einengenden Sitten- und Moralgesetze, über alles Mucker- und Meckertum setzt sich der Dichter kühn und frei hinweg – aber seine Liebe ist deswegen doch gesund und rein und herzlich: Mitleidig gedenkt er der kargen, liebearmen Jugend seines Mädchens, verteidigt sie gegen die bösen Zungen der Nachbarn, tröstet sie, wenn sein rascher Sieg die Erwachende mit Schamgefühl peinigt. Überall spürt man die Andacht des liebenden Mannes vor dem unsterblichen Seelchen des Mädchens und seine Ehrenpflicht, es zu hüten. – Ganz eng zusammengehörig mit den ›Römischen Elegien‹ sind die ›Venezianischen Epigramme‹, im Anschluß an jene gedichtet, inhaltlich sich stellenweise mit jenen berührend – griechisch-alexandrinische Distichen –, und doch besteht ein wesentlicher Unterschied: Der Dichter reist durch Italien ohne Ruhe und Genuß, er krittelt und klagt über manche Mängel und Unbequemlichkeiten, denn, so sagt er: ›Es ist mein Körper auf Reisen, und es ruhet mein Geist stets der Geliebten im Schoß.‹ Sehnsüchtig und sorglich gedenkt er der Daheimgebliebenen – weiß er doch, daß ›die Hand der Venus ihren Körper berührt hat‹ und daß die ›liebliche Frucht schwellend im Herbste gedeiht‹. Wo eine herzliche Empfindung, eine zierliche Wendung in den ›Venezianischen Epigrammen‹ aufblüht, da gelten sie Christiane, der künftigen Frau und Mutter. – Eine der anmutigsten Dichtungen Goethes – wiederum den ›Römischen Elegien‹ nahestehend – durfte Christiane ganz auf sich beziehen. Es ist das Zwiegespräch: ›Der neue Pausias und sein Blumenmädchen.‹ Goethe gibt es sehr gelehrt als Deutung eines Bildes ›Die Kranzbinderin‹ aus, von dem Plinius berichtet hat, der Maler Pausias von Sicyon habe es gemalt, weil seine Geliebte – Glycere – als Verkäuferin künstlicher Blumen ihren Lebensunterhalt verdiente. Die Erinnerung an Christianens Jugend meldet sich sofort: Wir haben gehört, daß sie als junges Mädchen in der Bertuchschen Blumenfabrik künstliche Blumen gearbeitet hat, um zu dem Unterhalt der Ihrigen beizutragen. Die Dichtung ist ein bewegtes Spiel, bei dem Pausias und Glycere sich köstliche Einfälle, zierliche Huldigungen, anmutige Vergleiche wie Bälle zuwerfen. In der Erinnerung an ihre erste Bekanntschaft steigert Erregung des Gefühls und der Sinne das Hin- und Widerfliegen der Bälle – sie gedenken eines rohen Gesellen, der Glycere in der Schenke an sich reißen wollte, Schrekken und Zorn erneuern sich, und das Bild, wie ihr zerrissenes Gewand den weißen Nacken, die herrliche Brust nicht mehr bedeckte, steigt wieder auf. Wunderbar ist die Vergegenwärtigung der Eindrücke und Empfindungen, das mächtige Auf- und Abschwellen, das zögernde Schwanken im Rhythmus, die Stimmungsmalerei in Bild und Klang: Das Mädchen sitzt daheim in der ärmlichen Kammer, bloßgestellt und beschämt durch die Rauferei in der Schenke – ihr Kranz ist zerrissen, die Blumen sind aus dem Gebinde gelöst: ›Abends betrachtet' ich mir die welkenden, saß noch und weinte, / Bis in der dunkelen Nacht Farbe nach Farbe verlosch.‹ – Wir brechen hier ab; wenn wir uns schon zu weit auf Inhalt und Form der wenig bekannten Dichtung einließen, so geschah's, um ihr neue Leser, neue Genießer zuzuführen! – Eine stattliche Schar von Distichen – ›munteren, lebendigen Knaben‹ – hat Goethe unter den Sammelnamen ›Vier Jahreszeiten‹ gestellt. Die Gruppe ›Sommer‹ und ein weiteres Verspaar sind entweder eindeutig auf Christiane zu beziehen oder legen den Gedanken an sie nahe. Allen gemeinsam ist der Ton heiteren Wohlwollens und die Freude an wunschgemäßen Wendungen; man hat den Eindruck, Goethe habe die unbeholfene Wirklichkeit zu befreiendem Tanzschritt gezwungen. Wollte man jedoch sein Verhältnis zu Christiane nach diesen epigrammatischen Stichworten beurteilen, so würde man die Entsagung und schmerzhafte Duldung, die es ihm auferlegte, unterschätzen. – Das köstliche Lehrgedicht von der ›Metamorphose der Pflanzen‹ wendet sich mit seinem Anfang und Schluß unmittelbar an Christiane, die liebend gläubige Schülerin. Mit gütiger Gebärde schickt der große Lehrer sich an, der ›lieblichen Freundin‹ das ›geheime Gesetz‹ zu erklären, das die ›tausendfältige Mischung‹ des ›Blumengewühls‹ als einen lebendig sich wandelnden Organismus erscheinen läßt. Gesteigertes Entzücken und schmerzgetrübtes Erstaunen löst der Schluß des Gedichtes aus, der die Entwicklung der ehelichen Liebe mit der Pflanzenmetamorphose vergleicht und der ›heiligen‹ Verbindung das Ziel setzt, zur ›höchsten Frucht gleicher Gesinnungen‹ aufzusteigen und im ›harmonischen Anschauen‹ die ›höhere Welt‹ zu finden. Wir wissen nun, wie wenig gerade Christiane befähigt war, dieses wundervolle Ziel an

Goethes Hand zu erreichen, und wir erkennen bewegt, wie der Gatte sie in seiner Vorstellung zu ›höheren Spären‹ emporhob. Noch deutlicher ergibt sich das aus der Erklärung, die Goethe der zweiten Veröffentlichung seines Gedichts in der ›Geschichte seines botanischen Studiums‹ folgen ließ: ›Höchst willkommen war dieses Gedicht der eigentlich Geliebten, welche das Recht hatte, die lieblichen Bilder auf sich zu beziehen, und auch ich fühlte mich sehr glücklich, als das lebendige Gleichnis unsere vollkommene Neigung steigerte und vollendete.‹ Der Herausgeber dieser Goethischen Schrift in der Cottaschen Jubiläumsausgabe, Max Morris, spricht in sehr bezeichnender Weise von einem ›wohlbewußt angebrachten öffentlichen Dank an die im Jahre zuvor gestorbene Christiane.‹ Es ist, als habe Goethe der Welt zurufen wollen: So habe ich meine Verbindung mit Christiane aufgefaßt, so will ich ihr Andenken bewahren!

Vielleicht hat Goethe auch in den drei Märchenerzählungen (›Märchen‹, ›Die neue Melusine‹, ›Der neue Paris‹) seine Einbildungskraft spielen lassen, um das, was an seinem Eheverhältnis schief war, zurechtzurücken, umzudenken oder aufzuheben. Der eben schon erwähnte Max Morris hat diese Vermutung ausgesprochen, aber nicht so zwingend begründen können, daß sie allgemein Anklang gefunden hätte. Darum soll hier auch nicht näher darauf eingegangen werden.

Das letzte Gedicht, das Goethe zu Lebzeiten Christianens ersann und das ihr wahrscheinlich zugehört, ist ›Frühling übers Jahr‹, locker, zart, in frischen Farben malend, eine sehr bezeichnende, holde Verklärung ihres Bildes. Der Dichter schildert die Frühlingspracht seines Gartens, preist aber höher des ›Liebchens lieblich Gemüt‹, die reichste Blüte darin, die nicht vergänglich ist wie die Frühlingsblumen, sondern das ganze Jahr über erfreut. – Das wunderliche Gedicht ›Juni‹ legt auch den Gedanken an Christiane nahe; jedenfalls wüßte ich nicht, auf wen es sonst so zwanglos zu beziehen wäre. H. Baumgart hat sogar den hübschen Einfall gehabt, die Erlebnisquelle des Gedichts in Oberroßla zu suchen, wo Christiane sich zeitweise aufhielt, während Goethe durch Geschäfte in Weimar oder Jena festgehalten wurde. Den Berg, der für den sehnsüchtigen Liebhaber durchsichtig wird, das umbuschte Tal mit seinen Mühlen hätten wir dann also längs der Ilm zu suchen. – Das Gedicht ›Juni‹ strebt ohne rechtes Gelingen nach einem volksliedhaft herzigen Ton: Viel besser wird dieser in den ganz schlichten Strophen erreicht, die in der einen Fassung ›Gefunden‹, in der anderen ›Im Vorübergehen‹ heißen. Wie sich die beiden Fassungen zueinander verhalten, hat den Philologen zu denken gegeben. So viel steht fest, daß ›Gefunden‹ von Goethe am 26. August 1813 auf der Fahrt von Weimar nach Ilmenau niedergeschrieben und seiner Frau als Reisegruß gesendet wurde. Friedrich Wilhelm Riemer hat als erster das Gedicht gedeutet, indem er auf die Entstehung, Begründung und Folge von Goethes Lebensbund mit Christiane hingewiesen hat, die hier in eine der ›schönsten Parabeln‹ gekleidet worden seien. Am 12. Juli 1813 waren es 25 Jahre her gewesen, daß die entscheidende Begegnung stattgefunden hatte. Das liebliche Blumengleichnis darf demnach als Gruß des Mannes an die Frau gelten, der er in bewährter Lebensgemeinschaft Sinnenfreude und Gemütsruhe verdankte. Keine Frau, die in bürgerlichen Ehren den Tag der silbernen Hochzeit erreichte, hat je einen sinnigeren, zarteren Gruß von ihrem Manne empfangen! Die leichtsinnig-bedenkliche Art, wie das Verhältnis des Genies zu dem Naturkinde aus dem Volke sich geknüpft hatte, die Gefahr, von der es bedroht war, und sein Gelingen – das alles konnte im Gleichnis nicht leichter, anmutiger, treffender ausgedrückt werden, als es hier gelungen ist. – Wie nun verhält sich die andere Fassung ›Im Vorübergehen‹ zu ›Gefunden‹? Man sollte meinen, es gehöre weder besonders großer Scharfsinn noch besonders feines Fingerspitzengefühl dazu, diese Frage zu entscheiden. ›Ich ging im Felde so für mich hin‹ (so heißt die erste Zeile von ›Im Vorübergehen‹) schildert ganz ebenso die Begegnung des ziellos wandernden Dichters mit dem bescheidenen Blümchen. Auch die Zwiesprache nimmt den gleichen Verlauf, nur daß das Blümchen plauderhafter und rührender darum bittet, daß es nicht gebrochen, sondern verpflanzt werde. Der Schluß des Gedichtes ist ein ›offener‹, das heißt, er läßt uns im ungewissen, ob der Bitte Gehör geschenkt wurde. Er schließt mit einem elegisch getönten Selbstgespräch:

›Ich ging im Walde
So vor mich hin;
Ich war so heiter,
Wollt' immer weiter –
Das war mein Sinn.‹

Ich halte es nicht für ausgemacht, wie wohl die meisten Erklärer des Gedichts, daß der Dichter nach dieser Begegnung vergnügten Sinnes weiterwandert; vielmehr, meine ich, ist deutlich zu verspüren, daß er in dieser Absicht unsicher geworden ist. Sein Schritt ist gehemmt – mit der schwebenden Frage, ob er weitergehen, ob er der Blumenbitte Gehör schenken solle, klingt das Gedicht aus. Dieser Abschluß, der kaum eine solche Bezeichnung verdient, ist sehr lässig, und dem entspricht auch die sorglos gehandhabte Form mit einem Wechsel im Versbau und einem derb unreinen Reim. Die Sprache des Blümchens ist aber zugleich persönlich zutraulicher, farbiger als in der knappen Ausdrucksweise der anderen Fassung. Das Volksliedhafte des Vortrags ist viel ausgesprochener, ganz besonders in der letzten Strophe mit ihrer unbegründeten Variante ›im Walde‹ (statt: ›im Felde‹) und mit ihrer offenen Frage. Obgleich die Fassung ›Gefunden‹ mit ihrer herzerfreuenden Lösung, ihrer gerundeten Form, ihrer knappen Sprache als Kunstwerk weit höher zu bewerten ist, besitzt ›Im Vorübergehen‹ doch einen eigenen Reiz, so daß Goethe recht daran getan hat, es noch in die ›Ausgabe letzter Hand‹ aufzunehmen. Aus dem geschilderten Befund scheint sich ganz klar zu ergeben, daß ›Im Vorübergehen‹ die ältere Fassung darstellt oder richtiger: einen tastenden Versuch, dem die Lösung noch nicht gelang. Diese stellte sich ein, als Goethe am 26. August nach leichter Unpäßlichkeit ein paar Tage Urlaub nahm, als er Mühsal und Verdrießlichkeit des Alltags hinter sich ließ und dem ›anmutigen Tal‹ von Ilmenau entgegenfuhr. In dieser Gemütslage sann und bildete er noch einmal an der Fabel herum, die sich bis dahin zu einem entschlossenen Jasagen nicht hatte aufschwingen können. Jetzt glückte es, und erfreut sandte Goethe die Verse heim, die den Seinen zeigen sollten, ›daß er unterwegs heiter war‹. Sehr reizvoll und naheliegend ist es, dieses späte ›Volkslied‹ Goethes dem ›Heiderösslein‹ gegenüberzustellen, das der Straßburger Student aufzeichnete. Wie doch jede Stufe seiner Lebensmetamorphose, jede typische Begegnung von Goethe im sprachlich gestalteten Bilde festgehalten wurde!

Das Christiane-Erlebnis greift über den Kreis der hier besprochenen Dichtungen hinaus. Empfindungen, die das Liebesleben bewegen, Erfahrungen, die ein ›guter Hausgeist‹ vermittelt – das alles hat hier und dort Spuren hinterlassen oder zur Gesamterscheinung eines Werkes beigetragen. In der Elegie ›Alexis und Dora‹, in den beiden ›Episteln‹, besonders aber in ›Hermann und Dorothea‹, dem Epos und der Elegie, glauben wir solche Einwirkungen zu verspüren. Als Schiller das jähe Hervorbrechen der Eifersucht in ›Alexis und Dora‹ nicht recht verstehen konnte, begründete es Goethe nicht theoretisch, sondern mit einem Hinweis auf seine persönliche Erfahrung. Frau von Steins Entzücken über ›Hermann und Dorothea‹ wurde dadurch beeinträchtigt, daß sie bei der Gattin, die am ›reinlichen Herde‹ kocht, immer an die ›Jungfer Vulpius‹ denken mußte. – Das ›Tagebuch‹, jenes merkwürdige Gedicht, das unaussprechliche Erfahrungen des Geschlechtslebens in herrliche Stanzen, in köstlich gewürzte Verse gekleidet hat, legt natürlich auch den Gedanken an Christiane nahe, denn es gelangt auf ›sonderbarstem Wege‹ zu dem Ergebnis, daß eheliche Gewohnheit und Liebe einen Treubruch verhindern, den man zu begehen willens war. Die Gattenliebe, tief aus dem Unterbewußten aufsteigend, ergreift den Stolpernden und führt ihn auf die glatte Bahn zurück!

Christiane hat das künstlerische Schaffen Goethes endlich dadurch beeinflußt, daß sie mit ihren jungen Freundinnen sein Publikum bildete. Der Literaturhistoriker Albert Köster hat in einem sehr klugen Vortrag dargetan, wie weit Goethe in verschiedenen Epochen seines Lebens dem Publikum, das er jeweils im Auge hatte, entgegenkam. Bis 1805 hatte er unter dem starken Einfluß Schillers eine streng klassizistische Haltung bewahrt – seit 1806 beobachteten Menschen, die häufig mit ihm zusammenkamen, daß er sich zu verjüngen schien, indem er rüstiger, heiterer, mitteilsamer wurde. ›Selbst das schwere Jahr 1813‹, sagt Köster, ›zeigt ihn uns lebenskräftig und voll Feuers; denn er hat im eigenen Hause, am täglichen Tisch die guten Geister, die ihm die Schwere des Daseins zu ertragen helfen: Christiane und die übrigen Lustigen von Weimar.‹ ›Die Lustigen von Weimar‹ – so heißt ein Gedicht, zu dem die fröhlichen Gäste der Hausfrau den Stoff und die Anregung gegeben haben: Am 15. Juli 1813, beim Mittagstisch, scheint Goethe den Einfall gehabt zu haben , die ›Wochenlust‹ der ›Schätzchen‹ in Verse zu setzen. (›Wochenlust‹ war der ursprüngliche Titel.) Der gereimte Vergnügungskalender wurde sofort nach Entstehen von Demoiselle Engels, wahrscheinlich nach einer bekannten Melodie, gesungen. Man kann sich vorstellen, wie das gemütliche Einverständnis des Ehegatten, Hausherrn und Dichters ansprach und die launige Darstellung bejubelt wurde. – In diesem Lebensabschnitt, der etwa die zehn ›gesetzlichen‹ Ehejahre von 1806 bis 1816 umfaßte, gab Goethe die strenge, theoretisch fordernde Haltung der Schillerzeit auf und wandte sich als Dichter unmittelbar an ein jugendlich aufgeschlossenes Publikum. Die Lieder, Balladen, Tafelgesänge, die Parabeln und Reimsprüche dieser Jahre tragen alle den Stempel der

Heiterkeit, der Plauderlust, der lächelnden Nachsicht und Schelmerei. Die zweite Jugend aber wich von Goethe, als er Christiane verlor und Marianne von Willemer nicht wiederzusehen beschloß. – Nach den schönen Ausführungen Benedetto Croces, des großen italienischen Gelehrten, ist die Gruppe der ›Geselligen Lieder‹ durchpulst von ›der Freude an einem tätigen, glücklichen Leben, das sich unter geordneten Verhältnissen und unter rechtschaffenen Freunden und Gesellen abspielt, und alles scheint zu wünschen und darauf hinzudeuten, daß eine solche Lebensführung allmählich die ganze Welt erobere ... Sie geben nicht das idyllische Bild eines bescheidenen Lebens, in das man träumend versinkt, oder der ländlichen Freuden, das immer nur die gleichen Gedanken und Tätigkeiten als Gegensatz zu dem vielfältig tätigen Leben der Stadt bis zum Überdruß wiederholt – vielmehr ist der Augenblick des Atemholens, der fröhlichen Zerstreuung mitten in einem lebhaften und unermüdlich schaffenden Leben getroffen, wo Geist und Phantasie Erholung finden, der Körper neue Kraft gewinnt und sich an Speis und Trank erquickt (viele von diesen geselligen Liedern sind Trinklieder) und wo die Zeit bei friedlichem Geplauder und munterer Spötterei im Flug verstreicht.‹

Eng benachbart mit dieser Gruppe von Gedichten, die sich aus dem heiteren Gespräch mit Hausfreunden entwikkelte, um alsbald diesen Freunden als schön zubereitete Gabe zurückgereicht zu werden, stehen die reizenden Strophen, denen Goethe schließlich die Überschrift ›Der neue Kopernikus‹ gegeben hat. Christiane hat sie insofern veranlaßt, als sie Goethe wohlmeinend geraten hatte, für die Reise an ›Rhein, Main und Neckar‹ von 1814 den großen, geschlossenen Reisewagen (das ›Fahrhäuschen‹) zu benutzen. Ihr wurden denn auch die Verse zugesandt, kaum daß sie am 25. Juli in Eisenach zu Papier gebracht waren. Für Christiane, so meint man, ist die Thüringer Waldhügelwelt aus der Melusinenperspektive gemalt, sie sollte die behagliche Reisefreude mitempfinden, die sie dem Gatten so herzlich gönnte.

Wir haben nun alles Licht, das aus Goethes Dichtungen strahlt, auf sein Leben mit Christiane fallen lassen: Es ist an der Zeit, daß wir die Schatten berücksichtigen, die vom Lichte nicht zu trennen sind. Wir haben noch eine Elegie zu besprechen, die nicht von allen Goetheforschern auf Christiane bezogen wird, aber von den meisten – und diesen schließe ich mich an. Am liebsten würde ich die wundervollen Ausführungen Gundolfs über den ›Amyntas‹ Satz für Satz anführen, aber ich möchte doch die gedankenscharfe Sicht vermeiden, in die er das Christiane-Problem gerückt hat. Ich möchte die Brücke von den unmittelbaren Daseinsäußerungen (Briefen, Gesprächen) zu den gestalteten, gleichnishaften des Kunstwerks, die ich überall zu schlagen bemüht war, nicht hinter mir abbrechen. Wenn ich auch in der Elegie ›Amyntas‹ die gehaltvollste, bedeutendste Äußerung Goethes über sein Christiane-Verhältnis erblicke, so will ich doch nicht vergessen, daß der Künstler die Empfindungen steigert, die Spannungen strafft, die Furchen tiefer gräbt, um die einprägsame, klare Gestalt zu schaffen, die den Betrachter ergreift. Dies also ist zu berücksichtigen, wenn wir die Aussage der menschlich ergreifendsten Elegie Goethes richtig bewerten wollen. Wir müssen, um es mit einfachster Formel zu sagen, die Dichtung aus der Wahrheit hervorwachsen lassen – wir dürfen aber nicht die Wahrheit, die schlichte Lebenswirklichkeit am Bilde der Dichtung messen. – Als Goethe 1797 sich in Frankfurt von Christiane getrennt hatte und seine Reise in die Schweiz fortsetzte, sah er eines Tages einen Baum, der von Efeu so dicht umrankt war, daß er langsam absterben mußte. Dieses Bild, oder besser: dieser Eindruck begann in Goethe zu arbeiten, er entwickelte sich, wie so oft, zum Gleichnis, und das Gleichnis wurde zum Mittel, das dumpfe Gefühl zu klären und schwer Sagbares auszusprechen. Wir haben eben gehört, wie Schiller an Körner schrieb von den ›elenden häuslichen Verhältnissen‹ Goethes, die er zu schwach sei zu lösen. Hatte Schiller seinem Freunde selbst den Rat gegeben, sich von seiner Lebensgefährtin zu trennen? Wir wissen es nicht sicher, wir können es nur vermuten. Dann wäre in unserer Elegie Nikias, der ›treffliche Arzt des Leibs und der Seele‹, Schiller, der seinen Freund Amyntas-Goethe von schleichender Krankheit befreien will. Amyntas lehnt ab mit trauriger Gebärde. Die Krankheit hat seinen Willen so sehr geschwächt, daß er das rettende Mitel nicht mehr ergreifen kann. Er nennt sein Schicksal unentrinnbar wie den Sturz des Wassers über den Felsen, er fühlt sich ›unter das strenge Gesetz ehrner Gewalten gebeugt‹. Um sich deutlicher zu erklären, vergleicht er sich mit einem Apfelbaum seines Gartens, der nur noch wenig Früchte trägt, weil der Efeu ihn zu ersticken droht. Der Efeu ist die geliebte Frau, die seines Schutzes, seiner Stütze bedarf. Durch tausend und tausend Fasern süßer Gewöhnung ist sein Leben mit dem ihren verbunden. Er weiß, daß die Gefährtin ahnungslos ihm das Mark aus den Knochen saugt, er spürt, daß aus seiner gewaltigen Wurzel nur noch die Hälfte ›lebendigen Safts‹ in die Krone hinaufdringt. Und doch kann er sich der umschlingenden Fesseln nur freuen, ›verzehrt sich willig gezwungen in liebender Lust.‹ Die Antwort an Nikias abschließend, spricht Amyntas-Goethe ein herrliches Wort, das jeden angeht, der aus der Fülle lebt: ›Süß ist jede Verschwendung; o laß mich der schönsten genießen! / Wer sich der Liebe vertraut, hält er sein Leben zu Rat?‹ Es ist viel noble Größe in dieser Antwort, und sie war des hochgesinnten Freundes würdig. Er wird Goethes Frage mit achtungsvollem Schweigen beantwortet haben. – Dies also ist das erschütternde Gleichnis, das der Dichter Goethe für seine Ehe gefunden hat. Es stellt eine Möglichkeit dar, das Verhältnis zu sehen – es treibt die Lust, die es gewährte, und die Gefahr, die es bedeutete, ins Große, Schicksalhaft-Tragische. Wieweit die Wirklichkeit des gelebten Lebens mit seinen beständig wechselnden Gesichtern dieser Schau entsprach – das sollte unsere Darstellung bis hierher schon gezeigt haben; eine Schlußbetrachtung möge die Frage so bündig wie möglich beantworten.

Goethes Ehe

Das Selbstverständliche wird heute von niemandem mehr bestritten: Um Goethes Ehe zu beurteilen, dürfen wir nicht unsern Geschmack befragen, nicht unsere Vorstellung von einer Frau, die ›seiner würdig‹ war. Wir haben ganz allein ihn selbst zu befragen: ob diese Ehe ihn befriedigte, ob sie seinen Bedürfnissen entsprach. Und da wir der Meinung sind, daß ein ›Unsterblicher‹ nicht nur an sein persönliches und lebenszeitliches Glück denken darf, so erweitert sich unsere Frage dahin: Hat Christiane als Gattin und Hausfrau die Arbeit des schöpferisch tätigen Mannes zu ihrem Teil gefördert oder nicht? Ich glaube, daß wir die engere und weitere Frage mit einem unbedenklichen Ja! beantworten können. Etwas vorsichtiger möchte ich sogar die Behauptung aussprechen, die mir nach langer Beschäftigung mit Goethe und Christiane gar nicht mehr sehr kühn erscheint: Christiane war die einzige Frau, mit der er 27 Jahre eine Ehe führen konnte! Friedrich Wilhelm Riemer, der lange genug im Goethischen Hause gelebt hat und ein urteilsfähiger Beobachter war, hat die wohlerwogenen (nicht gerade schön gebildeten!) Sätze niedergeschrieben: ›Nur ein solches weibliches Wesen bedurfte er zu freier und möglichst ungehinderter Entwicklung seiner selbst, und keine, auf Rang und Titel Anspruch machende, in gelehrten Zirkeln wohl gar selbst als Schriftstellerin glänzen wollende Dame hätte sie fördern oder nur sein eheliches Glück und häusliches Behagen machen können, wie ihn ganz nahe berührende Erfahrungen früher und später belehren sollten.‹ Ich muß diese Äußerung Riemers ergänzen und verdeutlichen, indem ich sage: Christiane war die einzig mögliche Frau für Goethe, nicht so sehr durch ihre positiven Vorzüge als vielmehr durch ihr duldendes Verständnis für Goethes Lebensbedürfnisse, die ihn für eine beengende Ehe untauglich machten. Daß er mit Christiane so lange zusammenleben konnte, ist weitgehend ihrer rührenden Anspruchslosigkeit zu danken. Ich glaube nicht, daß eine Lili Schönemann oder selbst eine Friederike Brion gewillt und fähig gewesen wären, soviel zu dulden und zu entbehren wie Christiane, die dabei doch immer frohgemut, verliebt und dankbar blieb. Vom ersten Tage des Zusammenlebens an hatte sie gelernt, im Verborgenen zu bleiben, zu verzichten, zu warten und sich selber zu trösten, wenn der Geliebte zu lange ausblieb. Sie war ein guter Hausgeist, immer gegenwärtig, wenn sie gerufen wurde, immer unsichtbar und anspruchslos, wenn sie unerwünscht war. Sie nahm all die Demütigungen und Schmähungen in Kauf, die die auf sie gefallene Wahl mit sich brachte. – Statt den geliebten Mann geistig-seelisch in Anspruch zu nehmen, wirkte sie jederzeit entspannend auf ihn. Sie kannte ihn sehr genau und hatte ein sicheres Gefühl für das, was ihm wohltat, und das, was ihm ferngehalten werden mußte. Er hat es ihr selbst wiederholt gedankt, wenn sie ihn auf Reisen schickte, damit er seine hypochondrischen Grillen hinter sich lassen konnte – und wie selbstlos war es von ihr, den Zögernden 1814 zu seiner Rheinreise zu ermuntern – Marianne von Willemer entgegen! (Was die Reise mit sich bringen würde, konnte sie allerdings nicht voraussehen.) Falls es noch eines Zeugen bedarf, so brauchen wir nur Frau von Knebel herbeizurufen, die uns versichert, daß Christiane immer wußte, welchen Ton sie anschlagen mußte, um wohltuend auf ›ihren Geheimrat‹ einzuwirken. Elisa von der Recke vollends erzählte der Johanna Schopenhauer, Goethe habe ihr Christiane mit diesen Worten vorgestellt: ›Ich empfehle Ihnen meine Frau mit dem Zeugnisse, daß, seit sie ihren ersten Schritt in mein Haus that, ich ihr nur Freuden zu danken habe.‹ Dieses Zeugnis wollen wir sogar anzweifeln, nicht weil die Zeugin unglaubwürdig wäre, sondern weil wir bemerkt haben, daß Goethe seine Lebensgefährtin immer über Gebühr lobte, wenn er ihr Freundinnen in der ›guten Gesellschaft‹ gewinnen wollte.

Und dennoch: Es ist kaum anders denkbar, als daß Goethe an seiner Ehe zeitweise gelitten, wahrscheinlich schwer gelitten hat. Diese Tatsache können wir allerdings nur vermuten, denn es gibt keine Äußerung Goethes – abgesehen vom ›Amyntas‹ –, mit der man sie beweisen könnte. Aber man fragt sich doch immer aufs neue: Wie konnte eine Frau, die geistig und seelisch so wenig zu bieten hatte, den erotisch reizbarsten und empfänglichsten Mann auf die Dauer befriedigen? Besonders, da ihr sinnlicher Reiz frühe dahinschwand – auch von wohlwollenden Menschen, die sie kannten, wird ihr Aussehen völlig übereinstimmend ›gewöhnlich‹ und ›gemein‹ genannt.

Goethe hat denn auch – wie wir schon sahen – Sinne und Seele außerhalb seiner Ehe mannigfach erquickt: Zu Minchen Herzlieb und Marianne von Willemer gesellen sich Marianne von Eybenberg, Silvie von Ziegesar, Pauline Gotter – und andere. Aber all diese Verhältnisse standen unter dem Gebot der Einschränkung und Entsagung, und wo sie seine Seele in der Tiefe berührten, da peinigten sie ihn durch Selbstvorwürfe. – Ferner: Wie hätte der zartfühlende, schutzbedürftige, höchstgebildete, formstrenge Mann nicht leiden sollen unter der sorglosen, derben Formlosigkeit Christianens und unter dem geräuschvollen Treiben ihres Bekanntenkreises? Das empfindlichste Leiden aber, das der Bund ihm auferlegte, war die ablehnende Haltung der Weimarer Gesellschaft gegenüber Christiane, die alle Spielarten zeigte: von der Ächtung über die Nichtbeachtung bis zu einem Mindestmaß gesellschaftlicher Höflichkeit, das man aufbringen mußte, wenn man Goethe nicht verstimmen wollte. Es hat etwas Rührendes, wenn man dutzendfach hört (zum Beispiel von Wilhelm von Humboldt): ›Goethe tut alles, um zu machen, daß die weimarischen Damen mit ihr (Christiane) umgehen sollen.‹ Er hat hier und da um eine Einladung geradezu gebeten und hat gelegentlich mit werbenden Empfehlungen nicht gespart. In ihrer treuherzigen Art hat Christiane zu dem jüngeren Voß gesagt, es mache Goethe immer soviel Freude, wenn er höre, dieser oder jener habe sie recht lieb. An der eben schon zitierten Stelle sagt Wilhelm von Humboldt, Goethe sei ›äußerst gut mit Caroline und lobe sie über alle Maßen, weil sie Christiane in ihren Kreis gezogen habe.‹ Was für Einblicke geben solche Äußerungen! – Indessen: Kein Wort der Klage, keine bittere Bemerkung über sein Ehelos findet sich in den zahlreichen Briefen und mündlichen Äußerungen, wohl aber hundertfach bezeugtes Verständnis für Christianens Neigungen und ihre Lebensart. Wohlwollen, Nachsicht und gelegentlich achselzuckender Humor bestimmen den Grundton der Briefe von 1792 bis 1816. Zwei Proben hierfür, die letzten, aus denen die Stimme Goethes, wie Christiane sie vernahm, herausklingen soll: ›Lebe übrigens recht wohl bei Deinen Frühstükken, Mittagessen, Tänzen und Schauspielen.‹ (am 28. Juli 1806 aus Karlsbad nach Lauchstädt.) Und: ›Damit Du aber siehst, daß es nicht gut ist, wenn man immer in der Welt herumfährt und gar nicht zu Hause bleiben kann, so vermelde ich Dir, daß gestern das Schwarzköpfchen hier gewesen ist und sich eine ganze Hand voll Haare ausgerissen hat, als er Dich nicht fand.‹ (20. August 1803.) Das ›Schwarzköpfchen‹ war der schon mehrfach erwähnte Ferdinand Heinke, eine Lauchstädter Bade- und Ballbekanntschaft Christianens. – Keine Reise Goethes, von der er nicht ein ›Judenkrämchen‹, ein ›Schwänchen‹ mit nach Hause gebracht oder geschickt hätte, und wie liebevoll wurden sie ausgesucht, die vielen Shawls, die Kleiderstoffe, Unterröcke, Saloppen, Hütchen – immer nach der neuesten Mode, Form und Farbe bedächtig gewählt. Sooft und soweit er sich auch entfernte, weil er Ruhe suchte vor den ›liebenswürdigen Ungeheuern‹, die in seinem Hause walteten, er wurde nicht müde, durch Worte und Gaben zu versichern: ›Die Liebe das Beste‹.

Wir stehen am Ende unseres Berichts. Er sollte im Grunde genommen nicht der kleinen unbedeutenden Christiane, dem Zufallsgünstling des Schicksals, sondern Goethe, dem großen Menschen und Dichter gelten. Was hat er über ihn ausgesagt? Daß die Liebe zu der Klasse von Menschen, die ›man die niedre nennt, die aber gewiß für Gott die höchste ist‹, bei Goethe keine schöngeistige Modeempfindung war, sondern ein Wesenszug: Von ihm aus gesehen war es kein Zufall, daß Christiane seine Lebensgefährtin wurde; nur einem so einfachen, unverbildeten Geschöpf mochte er seine menschlichen Bedürfnisse anvertrauen, nur mit ihr konnte das Kind, das auch in ihm versteckt war, lachen, plaudern und spielen. An Christianens Seite durchlebte er die Jahre seiner wärmsten Menschenfreundlichkeit und Duldung, die Forderungen des Leibes, die Bedingtheit der menschlichen Natur bei sich und anderen anerkennend. – Wer aber Goethes Ehe im verklärten Licht einer freundlichen Idylle sieht oder im nüchternen Licht einer Hausgemeinschaft mit sehr beschränkten Rechten der Gattin oder als harmonisches Zusammenklingen verschiedener Töne zu einem Akkord: der verkennt ihre wahre, verwickelt fragwürdige Natur und übersieht die große, sittliche Leistung, die das fast 28jährige Zusammenleben mit Christiane bedeutete. Sehr treffend hat Jenny von Gustedt (Lily Braun: ›Im Schatten der Titanen‹) die Haltung Goethes gewürdigt: ›Diese außerehelichen Verhältnisse, auch bei edleren Naturen, lassen immer in Kampf und Irrgängen mit der Welt und mit sich selbst, sie tragen das Gepräge des selbstgemachten Geschickes, sie werden nicht wie ein Gegebenes fest und demütig hingenommen, weil sie eben lösbar sind und dem Menschen den

Versuch gestatten, einen Mißgriff durch einen zweiten und dritten zu verbessern. Es ist deshalb nicht genug zu betonen, wie groß Goethes Charakter sich zeigte, als er sich gerade mit der alternden Geliebten ehelich verband und sich selbst damit befahl: Sie ist Dir gegeben, bleibe ihr treu! Wir kommen schnell dahin, weltliche Stellungen und Verhältnisse als etwas Gegebenes anzunehmen, uns ihnen in Treue und Demut anzupassen, und wir sollten vor allen Dingen Menschen als Gegebene betrachten und uns dahin erziehen, wie Goethe es tat, uns, unser Glück und unser ganzes Wesen so zu bilden, daß wir damit an keinem der uns gegebenen Menschen Schiffbruch leiden. Von den Verhältnissen zwischen Eltern und Geschwistern wird dies noch eher eingesehen, bei der Ehe wird es so selten und so spät verstanden, weil man sich einbildet, den Mann oder die Frau gewählt und nicht empfangen zu haben. Wer hat aber je die und vollends den Gewählten im engsten Zusammenleben wiedergefunden? Besser – schlimmer, jedenfalls anders, und dem echten Menschen – ich erinnere wieder an Goethe – muß es dann so recht sein, er muß dem Gegebenen halten, was er dem Gewählten versprach.‹ Es ist die schönste menschliche Bewährung Goethes, die darin liegt, daß er Christianens willige Hingabe mit Treue erwiderte, ihre Fehler mit heiterer Nachsicht duldete und vor der Welt mit dem breiten Schild des Schweigens deckte – ihre Liebe aber mit dem Preis unsterblicher Dankbarkeit belohnte.

Anhang

Kleine Auswahl aus dem Briefwechsel zwischen Christiane und Goethe

Christiane

[Weimar,] Dienstag Abend,
den 21. [Februar 1797.]

Ich und Dein liebes Bübchen sind glücklich und wohl wieder zu Hause angelangt, die Ernestine und Werners kamen uns bis Umpferstedt entgegen. Heute den ganzen Tag habe ich mich [mit] der Reinlichkeit Deiner Zimmer beschäftigt und bin in der Komödie gewesen. Morgen werden vom ganzen Hause die Vorhänge gewaschen und den Donnerstag gebügelt, und überhaupt habe ich mir diese Woche vorgenommen, das Haus vom Boden bis runter in Ordnung zu bringen, den Sonntag mich mit dem rothen Kleid zu putzen und künftige Woche die Aufsätzchen[1] in Ordnung zu bringen, und alsdenn das Übrige wird sich finden. Stell Dir vor, wie lieb Dich Deine beiden Hasen[2] haben: wie Du in Kötschau von uns weg warst, gingen mir raus und sahen auf dem Berg Deine Kutsche fahren, da fingen mir alle beide eins an zu heulen und sagten beide, es wäre uns so wunderlich.

[1] Fenster- oder sonstige Zimmerverzierung.

[2] Oft wiederkehrender Ausdruck der Familiensprache für ein weich anschmiegendes, zärtliches, liebevolles Wesen, ebenso: hasig, Hasigkeit, hasen (Zeitwort) und Hasenfuß.

Der Kleine läßt Dich grüßen, er ist heute bei Gakala gewesen.

Mittewoche, den 22.

Hier schicke ich Dir, was Du verlangst, die Uhr, das Buch und 6 Bouteillen Wein. Es folgt auch das Geld; ich habe 10 Stück Laubthaler raus genommen, weil der Tapezier vor Pferdehaare, Leinwand, Garn, Nägel und Macherlohn vor die Stühle und das Kanapée 14 bis 15 Thaler haben will. Ich habe es nachgerechnet, und sie kommen uns doch nicht so theuer wie die vorigen.

Ich wünsche Dir, daß der Herr von Schönfuß[?] bei Dir einkehren möchte und Dir die allerbeste und förderseligste Laune zum Gedicht[1] mitbringe.

Leb wohl und behalt lieb

Dein kleines Naturwesen.

[Weimar, 25. Februar 1797.]

Daß Dir es gut gehet, freut mich sehr, ich will recht beten, daß es bald an das Gedicht kommt, daß wir es uns alsdann können recht wohl sein lassen. Wenn Du so weg bist, sehe ich immer, wie schlecht es mir zu Muthe sein wird, wenn Du in Italien sein wirst.[2] Vielleicht kann ich auch das weg beten. Ich denk, es geht mir, seit ich mit dem Schatz bin, alles zum Guten aus, so wird es da auch so gehen. Der gute Schatz macht mich so oft mit allerlei glücklich, daß ich doch auch einmal zu Deiner Glückseligkeit etwas beitragen muß, und das besteht in Schwarzwurzlen, die hier folgen. Das Haus wird fertig, und auf den Dienstag ist Redoute und der Ernestine ihr Geburtstag, da habe ich mir einen kleinen Spaß ausgedacht, der ist nämlich dieser: es wird morgen der Sonntagsbraten gespart und nur Fleisch geges-

[1] ›Hermann und Dorothea‹.

[2] Schon seit 1796 plante Goethe eine dritte Reise nach Italien.

sen, und den Mittewoch nach der Redoute wollte ich ihn feiern mit einem kleinen Mittag-Essen und dazu unsere jungen Freundinnen und Freunde von hier und die von Jena, welche sich zur Redoute von unsern Ball-Freunden einfinden, einladen. Sonst ist hier nichts Merkwürdiges. Das Bübchen läßt das liebe Väterchen grüßen. Leb wohl und mache auf dem heutigen Ball ja nicht zu viel Äuglichen.

Goethe

Ich habe von Hamburg Nachricht, daß 6 Spickgänse an mich unterwegs sind. Es wird eine mit dem Porto keinen halben Thaler kosten, und dafür kann man sie brauchen; hebe sie sorgfältig auf, wenn sie ankommen. Man fragt auch an, was ich etwa sonst noch wünsche? Da die Jahrszeit schon so gelind ist, möchte nicht wohl räthlich sein, etwas Anders als etwa geräucherte Zungen kommen zu lassen; sage mir Deine Meinung darüber und schreibe mir gleich, wenn die Gänse ankommen. Du hast doch eine einzelne neulich in einer Schachtel erhalten?

Ich kann denken, wie Du über das Feuer[1] erschrocken bist, und bedaure Dich herzlich; doch kann es, bei unsern guten Anstalten, nicht schaden, wenn manchmal ein kleines Unglück begegnet, damit nur die Aufmerksamkeit nicht einschläft. Ich will aber doch, sobald ich hinüberkomme, die Treppe an Deiner Seite hinaufwärts machen lassen und Hornyen, auf einen solchen Fall, die Sorge für das Museum[2] übertragen; dadurch wärest Du schon einer großen Sorge überhoben.

Mit dem Gedichte geht es gut, wie es aber mit meinem Kommen oder Deinem Abholen werden kann, läßt sich noch nicht sagen. In der nächsten Woche erwarte ich ei-

[1] Am 2. März hatte es am Frauenplan gebrannt.
[2] Goethes eigene Sammlungen.

nige Besuche, vielleicht auch den Herzog. Lebe Du indessen recht wohl mit dem Kleinen.

Jena, am 5. März 1797 *G.*

Inliegendes laß gleich besorgen.

Christiane

[Weimar, 8. (?) März 1797.]

Ich habe letzt eine geräucherte Gans erhalten. Die 6 kannst Du brauchen vor diesen Preis; sobald sie ankommen, will ich Dir schreiben. Ich dächte, wegen der Jahreszeit ließ sich immer noch was von Zungen und Rindfleisch transportiren, besonders wenn Du noch einige solche Spick-Aale kriegen könntest. Daß Du Dich auch wieder nach uns sehnest, freut mich, weil es mir ebenso geht. Mir ist alles gar nicht recht; man sagt sogar, ich habe sehr übeln Humor. Ich sehe nicht ein, wie ich es ein halbes Jahr aushalten soll. Und der Kleine fragt mich den ganzen Tag: »Holen mir denn das Väterchen noch nicht bald ab?« Ich will Dich auch wegen des nüberkommens nicht quälen, und wenn ich es nur 2 Stunden vorher erführ, daß mir Dich holen sollten, so will ich bereit sein. Sollte es Dir aber gemüthlicher sein, einmal, wenn Du fertig bist, allein rüber zu uns zu kommen, so wirst Du Dein Haus immer in der besten Ordnung finden. Du mußt Dich wegen uns in nichts irre machen lassen. Denn mir waren schon einmal schuld, daß das Gedicht[1] nicht fertig wurde. Und besonders bitte ich Dich, doch nicht ehr herüber zu gehen, bis Dein Katarrh völlig vorbei ist.

Ich freu mich recht, wieder bei Dir zu sein. Man sollte, wenn man zusammen ist, immer fröhlich und lustig sein; ich habe mir es auch fest vorgenommen, wenn ich bei Dir bin, immer froh zu sein.

[1] ›Hermann und Dorothea‹; der störende mehrtägige Besuch fiel in den September 1796.

Wenn wegen des Riehl[1] was zu thun ist, bitte ich darum. Der Hofkammer-Rath[2] thut auch, als wenn er sehr gut gegen ihn wäre.

Es ist überhaupt wegen des Diensts bei mir nicht leer geworden, ich soll vor alle ein gut Wort einlegen. Auch ein gewesener Unteroffizier Rommel, den der Herr Geheime Rath sehr gut kennen sollen, hat bei Durchlaucht Herzog darum nachgesucht, und ich soll ihn auch bei Dir empfehlen.

Hier folgt auch deßhalb ein Schreiben von dem Maler Walter, es ist der alte, der Eckebrecht war.

Ich komme auch noch mit einer Bitte bei Dir an: es steht mit meiner Seife schlecht, und hier ist sie wieder theuer geworden. Ich dächte, wenn das Gedicht fertig wär, bekäme ich einen halben Stein.

Leb wohl. Ich will wünschen, daß, wenn mein Brief ankömmt, der Katarrh vorbei ist. Das Kind läßt Dich vielmals grüßen; wir leben in der Hoffnung, bald bei Dir zu sein.

Goethe

Durch die Anwesenheit des Herzogs bin ich ein wenig an meinem Gedicht gestört worden, doch ist es noch recht gut im Gange und wird gewiß fertig, wenn ich mir nur die gehörige Zeit lasse. Ich will nicht eher von hier weggehen, bis das Ganze beisammen ist, und bis die ersten drei Gesänge abgeschrieben und fortgeschickt sind. Dadurch gewinne ich auch ein paar Monate die schönste Ruhe und Freiheit, denn ich möchte jetzt um vieles nicht den guten Gang unterbrechen, in welchen ich diese Arbeit eingeleitet habe.

Sobald das Gedicht fertig ist, soll die Seife ankommen

[1] Kapelldiener, der sich um die frei gewordene Stelle des Theaterdieners bewarb.
[2] Franz Kirms.

und noch etwas dazu, damit Du Dich auch auf Deine Art mit mir freuen könnest.

Das Packet, was in der Pappe liegt, schickst Du an Fräulein Gore, die Pappe selbst aber an Starke, dem Du zugleich einen Thaler bezahlst.

Mein Katarrh hat sich recht hübsch gegeben, es ist nur noch ein wenig rauher Hals übrig geblieben.

Lebe recht wohl, grüße das Kind und sag ihm, daß ich es recht lieb habe. Der Brief, den Du mir durch die Essigfrau geschickt hast, ist auch soeben angekommen; es war recht schön, daß Du mir die guten Nachrichten von Meyern so bald schicktest, er sitzt noch ganz ruhig in Florenz. Er grüßt Dich und das Kind aufs allerschönste.

Jena, den 10. März 1797 G.

Christiane

[Weimar, 25. März 1797.]

Es folgen 4 Bouteillen Wein. Wenn ich nicht gewiß geglaubt hätte, Du würdest heute kommen, so hätt ich Dir am Mittewoche geschrieben, daß ich kein Geld mehr habe, und so gehet es mir nun sehr schlecht, ich bin in größter Noth, denn ich gebe der Köchin alleweile meinen letzten kleinen Thaler. Ich habe auf das Buch Einen Carolin ausgelehnt, ich wär also noch künftige Woche ausgekommen, und alsdann ist das Vierteljahr um. Und man hat doch immer auch was in Vorrath, ohne das man doch nicht sein kann. Wenn ich das alles rechne, komme ich doch gewiß ordentlich aus. Denn bei itziger[1] Zeit ist es würklich Kunst; denn, wenn Du nicht da bist, es sind unser doch immer 6 zu Tische, und ich habe es die Zeit, daß Du nicht da warst, sehr eingetheilt, so daß die Köchin immer nicht mit mir zufrieden ist. Freilich weil der Bube krank war, habe ich wieder manche paar Groschen mehr ausgeben und ihm auch wieder etwas Apartes kochen müssen. Er ist aber wie-

[1] Geschrieben: jzier.

der wohl und gehet wieder aus. Von dem Carolin, den Du mir schicktest, habe ich das Komödie-Abonnement bezahlen müssen und Starke den Thaler. 2 Paar Strümpfe vor Dich, habe Holz lassen machen, dem Kutscher Trinkgeld, und wenn ich nur nicht den Dukaten von Dir schon angewandt hätte, so hätte ich doch noch was. Die Weiber, die sich etwas schmu machen, thun doch nicht ganz übel, um im Nothfall was zu haben. Sei so gut und schicke mir durch einen Expressen oder durch die Post was. Ich muß deßhalb Antwort haben: der Rath Kraus will künftigen Montag das große Bild von Meyern[1] haben, soll ich es hingeben oder soll ich sagen, ich könnte nicht dazu? Der Herzog will es in das Römische Haus haben. Antworte mir ja bald. Leb wohl und behalt mich nur lieb.

Goethe

Hier schicke ich Dir, mein liebes Kind, etwas Geld, damit Du diese Woche versorgt seist. Wie gern käme ich gleich heute zu Dir, denn ich habe eigentlich hier nichts mehr zu thun. Nur möchte ich abwarten, bis Schiller mit einem Stück seiner Arbeit[2] fertig ist, das er mir vorlesen will. Alles Andre könnt ich recht wohl drüben, in der Nachbarschaft meiner lieben Kinder thun. Ich sehne mich recht, euch wiederzusehen, und komme vergnügt zurück, da mir alles nach Wunsch gelungen ist. Lebe recht wohl und behalte mich lieb.

Jena, den 26. März 1797 *G.*

[1] Kopie nach Annibale Caraccis Gemälde ›Genius des Ruhmes‹.
[2] Vermutlich Teile der ›Piccolomini‹.

ISBN 3-378-00122-4

Gustav Kiepenheuer Verlag Leipzig und Weimar
Erste Taschenbuchauflage
Lizenz Nr. 396/265/87 LSV 7001
Gesamtherstellung: Druckerei Neues Deutschland, Berlin
Schrift: Garamond-Antiqua
Gestaltung: Renate Schiwek
Printed in the German Democratic Republic
Bestell-Nr. 812 144 2
00480